ALBERTO PERUFFO

I SOLDATI DELLA DIVISIONE "TESTA DI MORTO"

STORIA DELLA TERZA DIVISIONE SS "TOTENKOPF"

AUTORE

Alberto Peruffo, nato a Seregno nel 1968, laureato all'Università degli Studi di Milano. Ha cooperato con la Sovrintendenza archeologica di Milano. Collabora con alcune riviste di storia, insegnante di storia. Ha pubblicato i seguenti saggi storici: "I corsari del Kaiser" "Marvia editrice",Lega Lombarda 1158 – 1162. La battaglia di Carcano, "Chillemi edizioni", Il trionfo della Lega Lombarda 1174-1176, "Chillemi edizioni", La supremazia di Roma, battaglie dei Cimbri e dei Teutoni, "Keltia editrice", Storia militare degli Ostrogoti, da Teodorico a Totila, "Chillemi edizioni", La Battaglia di Cortenuova, "Soldiershop Publishing". Le guerre dei popoli del mare, Edizioni Arbor Sapientiae. La battaglia di Capo Colonna 982, "Soldiershop edizioni". I soldati della divisione testa di morto, "Soldiershop edizioni". Le battaglie dei Cimbri e dei Teutoni (113-101 a.C.),"Edizioni Arbor Sapientiae" . La guerra civile longobarda e la battaglia di Cornate, "Soldiershop edizioni".

NOTE EDITORIALI

Tutto il contenuto dei nostri libri, in qualsiasi forma prodotti (cartacei, elettronici o altro) quando non diversamente specificato è copyright soldiershop.com. I diritti di traduzione, riproduzione, memorizzazione con qualsiasi mezzo, digitale, fotografico, fotocopie ecc. Sono riservati per tutti i Paesi. Nessuna delle immagini presenti nei nostri libri può essere riprodotta senza il permesso scritto di soldiershop.com. L'Editore rimane a disposizione degli eventuali aventi diritto per tutte le fonti iconografiche dubbie o non identificate. I marchi Soldiershop Publishing, Bookmoon, Museum s e relative collane sono di proprietà di soldiershop.com o Luca Cristini Editore; di conseguenza qualsiasi uso esterno non è consentito.

LICENSES COMMONS

This book may utilize part of material marked with license creative commons 3.0 or 4.0 (CC BY 4.0), (CC BY-ND 4.0), (CC BY-SA 4.0) or (CC0 1.0). Or derived from publication 70 years old or more and recolored from us. We give appropriate attribution credit and indicate if change were made in the acknowledgements field.
All our books utilize only fonts licensed under the SIL Open Font License or other free use license.

ISBN: 9788893270892   1a edizione Giugno 2016 - Corretta e migliorata nel Febbraio 2019
I SOLDATI DELLA DIVISIONE "TESTA DI MORTO" Storia della divisione SS "Totenkopf" di A.Peruffo.
Editor: Luca Cristini Editore, for the brand: Soldiershop (Italia Storica) Cover & Art Design: Luca S. Cristini.

Soldato della Totenkopf negli anni '30.

INDICE

I.	Introduzione	7
II.	Eicke	11
III.	Nascono le SS-Totenkopfverbande	15
IV.	Polonia	21
V.	Totenkopfdivision	29
VI.	La campagna di Francia	41
VII.	Compiti d'occupazione in Francia	63
VIII.	Operazione Barbarossa	73
IX.	La battaglia di Lushno	93
X.	Demjansk	107
XI.	Kharkov	135
XII.	Kursk	155
XIII.	La lunga ritirata	169
XIV.	Le ultime battaglie	185
XV.	Conclusioni	195
Cronologia		203
Organigrammi		207
Appendice fotografica		213
Bibliografia		227

INTRODUZIONE

Fin dalla più remota antichità e, in alcune culture fino quasi ai giorni nostri, il capo mozzato del nemico ha rivestito un trofeo di grande valore simbolico. In Europa i Celti adornavano le mura delle loro fortezze con le teste dei guerrieri delle tribù nemiche poste a monito ad eventuali assedianti. Gli antichi Germani ricavavano coppe dai crani scarnificati dei nemici particolarmente valorosi ed ammirati, nella speranza di appropriarsi delle qualità del guerriero morto, mentre nella selva di Teutoburgo centinaia furono le teste dei Legionari inchiodate agli alberi marcando così un Limes invalicabile per l'Impero. Nei secoli successivi i poemi epici e la letteratura medioevale di questi stessi popoli Germanici si rifaceva spesso a simboli di morte.

Ma fu in epoca Barocca che i simboli macabri ebbero gran diffusione in Europa. Nel 1740 un'unità militare Prussiana si fregiò della testa di morto in ricordo della morte del loro sovrano Federico Guglielmo I, morto quello stesso anno. Il reparto di cavalleria era il 5° reggimento ussari, denominati in seguito "ussari della morte", sui loro colbacchi spiccava una testa di morto vista di lato e priva di mandibola sopra due tibie incrociate, detta in seguito di stile prussiano.

Mezzo blindato appartenente ai Freikorps utilizzato durante gli scontri contro le formazioni spartachiste alla fine della prima guerra mondiale.

Nel 1800 un'altra variante seguì, adottata da altri reparti militari, detta Brunswick, in cui la testa di morto era vista di fronte. All'inizio della grande guerra molti erano i reparti militari che avevano adottato come insegna la testa di morto e non tutti Tedeschi. Famosa è la storia del 17° reggimento lancieri britannico, le cui gesta sono immortalate nella carica della Brigata Leggera a Blacklava che, a tutt'oggi, sfoggia, come proprio emblema, una testa di morto tipo Brunswick.

Durante la prima guerra mondiale ma soprattutto dopo, quando la Germania affrontò dal 1918 al 1923 una serie di piccole guerre interne ed esterne, la testa di morto fu adottata da un gran numero d'unità militari nelle sue forme più diverse.

I soldati dei Freikorps (Corpi Franchi) più valorosi dipingevano questo macabro simbolo sugli elmetti o sui loro carri da guerra. Fu proprio in quel periodo che la testa di morto o totenkopf fu associata ad un significato di coraggio, audacia e sacrificio in guerra, ma nello stesso tempo rappresentava un significato antirepubblicano e antibolscevico. Il nazismo che dall'esperienza dei Freikorps derivava adottò nel 1923 il totenkopf secondo lo stile Prussiano per i membri dello Stosstrup Adolf Hitler, le future SS.

Questi uomini insieme alla guardia personale di Hitler prendevano a modello gli ussari della morte della guardia imperiale, e cantavano l'inno del reggimento che così recitava:

Di nero vestiamo
di sangue siamo bagnati,
la Testa di morto sui nostri elmetti.
Urrà! Urrà! Stiamo saldi!

Dopo che la testa di morto in stile Prussiano fu adottata dall'esercito per i membri dei reparti corazzati nel 1934, considerati come gli eredi della cavalleria imperiale prussiana, le SS adottarono un nuovo simbolo di totenkopf stavolta completa di mandibola che andava a coprire le classiche tibie incrociate.

Questo simbolo fu adottato su vestiti ed equipaggiamenti di tutte le SS e anche della futura SS- totenkopf-Division (SSTK).

Quando nel 1936 il comandante e creatore delle Totenkopfverbande ("unità testa di morto"), il fanatico e crudele Theodor Eicke, decise di adottare sul colletto dell'uniforme la caratteristica testa di morto in stile prussiano, in modo da differenziarsi da tutte le altre formazioni delle SS. Nasceva così l'unità più fanatica delle SS, tanto feroce quanto valorosa in battaglia.

Eicke alla metà degli anni trenta con il grado di Brigadeführer cucito sul bavero.

Reparto motorizzato della Totenkopf negli anni '30.

I

Eicke

Theodor Eicke (1892 – 1943) nacque il 17 ottobre 1892 a Hudingen in Alsazia, undicesimo figlio di Heinrich Eicke, un capostazione delle ferrovie originario della città di Gittelda nelle montagne dell'Harz in Germania. Theodor frequentò la Volkschule e la Realschule del villaggio di Hampton, luogo dove il padre lavorava. Dati i suoi scarsi risultati scolastici non terminò mai la scuola interrompendo gli studi nel 1909, arruolandosi a diciassette anni nel 23° Reggimento di fanteria König Ferdinand der Bulgaren" a Landau nel Palatinato dove rimase sino al 1913.
Allo scoppio della guerra mondiale si trovava prima nel 3° Reggimento e poi nel 22° Reggimento di fanteria Bavarese "Prinz Karl von Bayern". Nel frattempo si era sposato nel dicembre del 1914 con Bertha Schwebel da cui ebbe due figli Irma nel 1916 e Hermann nel 1920. La sua condotta militare durante la guerra non fu particolarmente brillante, svolgendo mansioni da impiegato e cassiere del reggimento, anche se riuscì a guadagnarsi in combattimento la Croce di Ferro di Seconda Classe.
Dopo la sconfitta Eicke fu congedato dall'esercito nel marzo del 1919 e riprese gli studi ma per le difficoltà economiche tipiche di quel periodo dovette interrompere. Arruolatosi nella polizia d'Ilmenau in Turingia ne fu congedato nel 1920 a causa della sua adesione alle agitazioni politiche contro la Repubblica.
Trovando di suo gradimento il lavoro di poliziotto si impiegò prima nella polizia di Cottbus dove pur avendo superato gli esami si dimise per motivi politici e, successivamente, per un breve periodo, nella polizia amministrativa di Ludwigshafen am Rhein presso la polizia di Weimar da dove fu congedato sempre per motivi politici. Infine trovò lavoro nel gennaio 1923 presso la grande industria I.G.Farben dapprima come venditore e poi come addetto alla sicurezza dove rimase fino al marzo del 1932. Anche se non partecipò direttamente alle azioni dei Freikorps il suo odio per la repubblica di Weimar e il bruciante ricordo della sconfitta militare tedesca portò Eicke tra le file del partito Nazionalsocialista. Il primo dicembre 1928 Theodor Eicke s'iscrisse al partito con la tessera n°114-901, trovando finalmente persone con le sue idee. Nello stesso tempo entrò nelle SA (le "Sturmabteilung" le truppe d'assalto del partito), dove rimase fino all'agosto del 1930 quando fu trasferito nelle SS (Schutzstaffel), un gruppo più piccolo, meglio organizzato e disciplinato all'interno delle SA, dipendente

direttamente dal partito e utilizzato come squadre di protezione durante i comizi e le parate dei nazisti.

Da quel momento in avanti la carriera politica di Eicke fu fulminea. Il 27 novembre del 1930 il Reichsfuhrer der SS Heinrich Himmler promosse Eicke al grado di Sturmführer affidandogli il comando di un plotone (sturm), il n° 148 a Ludwigshafen am Rhein.

Le capacità organizzative di Eicke e la rapida espansione delle SS di quel periodo lo portarono nel giro di tre mesi al grado SS di Sturmbannführer (maggiore), venendo incaricato di costituire un nuovo battaglione (sturmbann) per la futura 10° SS Standarte (reggimento) della regione del Reno e Palatinato, di cui grazie alle sue doti organizzative e di comando ne divenne il comandante nel novembre del 1931 col grado di Standartenführer (colonnello).

Gli anni che precedettero la presa del potere da parte di Hitler videro un rinnovarsi della violenza politica, la crisi economica, seguita alla crisi del 1929, fece perdere ad Eicke il suo lavoro alla I.G.Farben, lasciandolo impegnato a tempo pieno alle sue attività politiche. Queste stesse attività lo porteranno in prigione dal 6 marzo al luglio del 1932 con imputazioni che andavano dalla cospirazione alla detenzione illegale di esplosivi. Grazie all'intercessione dell'allora ministro della giustizia bavarese Franz Gurtner, simpatizzante nazista, Eicke riacquistò la libertà prima della sentenza che lo avrebbe condannato al carcere.

Ad ogni modo l'aria in Germania era diventata per Eicke troppo pesante, così lo stesso capo delle SS Himmler gli ordinò di fuggire in Italia. Provvisto di documenti falsi il 18 settembre 1932 Eicke arrivò a Moncenisc sul lago di Garda dove Mussolini aveva organizzato un rifugio per i latitanti politici tedeschi.

In quel periodo cominciarono i dissidi tra Eicke e altri membri delle SS, in particolare con il Gauleiter del Palatinato Josef Burckel che tentava di imporsi al comando della Decima SS Standarte di Eicke. Nello stesso tempo quest'ultimo fu protagonista di un incidente diplomatico che imbarazzò molto i vertici nazisti impegnati nella campagna elettorale, quando, in completa uniforme presenziò a Bolzano alla commemorazione dell'anniversario della marcia su Roma facendo anche irritare molti simpatizzanti nazisti in Tirolo. Con l'avvento al potere di Hitler nel gennaio del 1933, Eicke fu finalmente in grado di rientrare in patria con il grado di Oberführer (colonnello brigadiere). Una volta in Germania il suo unico pensiero fu di vendicarsi di Burckel. Infatti, sebbene avesse promesso a Himmler di riappacificarsi con il suo nemico, Eicke ed i suoi uomini assalirono il quartier generale del Gauleiter a Ludwigshafen sequestrando Burckel che venne liberato solo dall'intervento della polizia locale.

La vendetta del Gauleiter fu tremenda. Fece imprigionare indefinitivamente Eicke in un ospedale psichiatrico come soggetto pericoloso per la comunità, mentre Himmler dal canto suo espelleva Eicke dalle SS il 3 aprile del 1933.

Nella clinica di Wurzburg, Eicke venne giudicato sano di mente. Infine tramite continue suppliche persuase Himmler a rilasciarlo e reintegrarlo nel grado il 26 giugno 1933.

Himmler a quel tempo era a capo della polizia Bavarese e aveva la necessità di una persona che organizzasse il primo campo di concentramento per prigionieri politici, infatti, dopo la presa del potere erano numerosi gli oppositori comunisti ed ex aderenti alla repubblica di Weimar che erano stati imprigionati.

Nel marzo del 1933 tre giorni prima della legge che permetteva ad Hitler di arrestare gli oppositori al proprio partito venne aperto a Dachau un campo di concentramento per la custodia di internati a lungo termine.

Eicke ispeziona i suoi uomini nel 1936.

Il personale di guardia era formato sia da SA che da SS che, liberi di controllare i propri avversari politici, infliggevano, a volte arbitrariamente, ogni tipo di brutalità ai detenuti. Uno di questi casi fu l'allora comandante del campo l'SS Sturmbannführer Hilmar Wackerle che venne allontanato da Himmler alla fine di giugno del 1933 a causa degli scandali seguiti all'assassinio di alcuni prigionieri.

Il suo posto venne affidato a Theodor Eicke le cui capacità organizzative erano ben note. Come comandante del campo di Dachau, Eicke era sottoposto al comando di Sepp Dietrich allora comandante del distretto amministrativo del sud, Eicke come primo passo ottenne di scavalcarlo rivolgendosi direttamente ad Himmler, sopperendo così alla penuria di materiali ed equipaggiamento che affliggevano le guardie. Un altro grosso problema che andava affrontato era la mancanza di disciplina delle guardie, Eicke la risolse scacciando alcuni uomini accusati di furto ed elaborando un nuovo codice di disciplina emanato nell'ottobre del 1933, questo codice, che sarebbe diventato tristemente noto in seguito, regolava le varie punizioni secondo i vari casi d'infrazione, soprattutto si faceva riferimento agli internati come nemici interni. Eicke divise il campo in vari dipartimenti, da quello medico a quello amministrativo, suddividendo i carcerati all'interno di blocchi mantenendo turni di guardia a rotazione ogni 24 ore. In seguito a questi interventi Eicke venne di nuovo promosso a Brigadeführer (generale di brigata) nel gennaio 1934 portandolo ufficialmente alle dirette dipendenze di Himmler. Il ruolo avuto da Eicke durante la "Notte dei Lunghi Coltelli" alla fine del giugno 1934 dimostra la considerazione che aveva conquistato nelle gerarchie naziste.

Il suo compito più importante fu quello di eliminare il capo delle SA, il capitano Ernst Rohm, non prima di avergli lasciato l'opportunità di suicidarsi secondo il volere del Führer. Alcune ricostruzioni storiche descrivono come Eicke entrò nella cella di Rohm esordendo così: "La tua vita è perduta! Il Führer ti dà un'ultima possibilità di scelta", nello stesso momento appoggiò dei giornali con il resoconto della Notte dei Lunghi Coltelli e una pistola carica, poi dopo aver lasciato a Rohm dieci minuti di tempo uscì ad aspettare in corridoio. Dopo un attesa di quindici minuti senza che nulla accadesse Eicke entrò di nuovo nella cella gridando "Capitano, si prepari!" sparando poi due colpi a bruciapelo. Rohm cadde esclamando con voce flebile: "Mio Führer, mio Führer…", "Avresti dovuto pensarci prima ora è troppo tardi", rispose sprezzante Eicke. Le conseguenze per Eicke dopo questa epurazione furono diverse, egli fu promosso SS-Gruppenführer e nominato ispettore dei campi di concentramento dotato di piena autonomia, mentre la giurisdizione degli stessi campi di concentramento passava da quella delle SA e delle autorità civili a quella delle SS, inoltre vennero chiusi tutti i campi di detenzione semiufficiali delle SA. Ora Eicke poteva finalmente riorganizzare i vari campi di concentramento sparsi in Germania e arruolare nuove guardie, infine creare un suo spazio personale all'interno del Reich.

Mostrina da bavero di un soldato semplice delle Totenkopf.

II

Nascono le SS-Totenkopfverbande

Tra il 1933 e 1935 le SS impiegate nei campi di concentramento appartenevano alle Allgemeine SS (SS generali), regolarmente pagate come impiegati di questa organizzazione. Ricevevano le armi leggere e l'addestramento necessario all'interno dei campi di concentramento.

La disciplina imposta agli internati era feroce. I prigionieri che cercavano di fuggire o di ribellarsi contro le guardie potevano essere uccisi senza preavviso e le punizioni andavano dalle percosse ai lavori pesanti, anche per le guardie le punizioni erano pesanti, se una di loro si fosse lasciata sfuggire un internato essa stessa rischiava di prenderne il posto nello stesso campo di concentramento.

La denominazione iniziale delle guardie era di SS-Wachverband ("unità di sorveglianza") la maggioranza di queste guardie rappresentavano gli elementi più violenti e motivati all'interno delle SS-Algemeine.

La suddivisione delle Wachverbande era basata sul campo cui erano assegnati i reparti, nel marzo del 1935 erano così suddivisi:

SS-Wachtruppe Oberbayern	Dachau
SS-Wachtruppe Ostfriesland	Esterwegen
SS-Wachtruppe Elbe	Lichtenburg
SS-Wachtruppe Sachsen	Sachsenburg (Sassonia)
SS-Wachtruppe Brandenburg	Oranienburg
SS-Wachtruppe Brandenburg	Columbia-Haus (Berlino)
SS-Wachtruppe Hansa	Hamburg-Fehlsbuttel (Amburgo)

Per un totale di sette campi di concentramento permanente con la dimensione di una compagnia e un totale di circa 9000 prigionieri da controllare.

Nel corso dello stesso anno i campi di concentramento vennero ulteriormente ridotti eliminando quello di Hamburg-Fehlsbuttel ad Amburgo, portando le dimensioni delle unità di guardia alla forza di un battaglione e seguendo una nuova denominazione:

SS-Wachsturmbann I Oberbayern
SS-Wachsturmbann II Elbe
SS-Wachsturmbann III Sachsen
SS-Wachsturmbann IV Ostfriesland
SS-Wachsturmbann V Brandenburg

Mostrine da colletto della fine degli anni '30, rispettivamente della Standarte 2 "Brandenburg" e 3 "Thüringen" della Totenkopf, infine quella della SS "Heimwehr Danzig.

All'interno dei campi di concentramento si sviluppò una ricca economia al servizio delle SS sia d'industrie specializzate, come la fabbrica di spade damaschinate a Dachau, in cui gli operai ricevevano un trattamento di riguardo, che di attività legate al lavoro coatto degli internati. Soprattutto quest'ultimo tipo d'industrie durante la guerra crebbe d'importanza rendendo le SS indipendenti economicamente e rappresentando la base di un impero economico di vaste proporzioni che andava dalle materie prime al prodotto finito.
Questo rendeva Eicke ancora più potente portandolo al centro di invidie e rivalità. In particolare il capo della polizia di sicurezza e della Gestapo l'SS Gruppenführer Reinhard Heydrich tentò di appropriarsi del sistema dei campi di concentramento facendo circolare false voci tese a danneggiare l'immagine di Eicke. Tutti questi tentativi furono vani grazie al contatto diretto che Eicke aveva con Himmler e il desiderio di quest'ultimo di non permettere ai suoi sottoposti un accentramento di poteri troppo vasto.
Nel settembre del 1935 Hitler riconobbe ufficialmente l'utilità delle SS-Wachverband come difensori dello Stato all'interno del sistema dei campi di concentramento, ordinando pertanto che il governo del Reich si assumesse i costi per il loro mantenimento separandoli dall'economia delle SS-Allgemeine. Cosa che avvenne solo nell'aprile del 1936 dopo che Eicke trovò un accordo con i governi dei vari stati Tedeschi in cui sorgevano i campi di concentramento.
Eicke che, già nel dicembre del 1935 si firmava nelle sue lettere come comandante delle unità "testa di morto" poté finalmente rinominare le sue guardie SS-Wachsturmbann con la nuova denominazione di SS-Totenkopfverbande, abbreviato in SS-TV, e dotarle della caratteristica mostrina sul colletto raffigurante una testa di morto. Nello stesso periodo si decise di portare il numero degli effettivi da 1800 a 3500.
Nelle prime fasi dell'espansione i volontari delle SS-TV erano con un'età compresa tra i 25 e i 35 anni mentre molti degli ufficiali avevano partecipato alla Prima Guerra Mondiale, tutti avevano precedentemente fatto parte o delle SA o delle SS-Allgemeine. Successivamente l'età dei volontari si abbassò drasticamente andando dai 16 ai 22 anni arruolati secondo gli schemi elitari pari a quello delle altre due formazioni delle SS, la Leibstandarte (la guardia di Hitler) e le SS-VT (SS-Verfugungstruppe), in cui

dovevano presentare caratteristiche razziali immacolate, una perfetta forma fisica, e un'altezza minima di 1.80 metri (1.85 per la Leibstandarte).
Eicke preferiva arruolare ragazzi provenienti dalla Hitlerjugend con pochi legami familiari. Queste erano le persone più adatte a recepire l'indottrinamento con cui Eicke insisteva tanto. In particolare egli insisteva sul concetto elitario delle SS-TV anche rispetto le altre SS ritenendo che solo essi erano i veri guardiani dello Stato assicurando i loro nemici dietro il filo spinato dei campi di concentramento, "il nemico dietro il filo spinato" li chiamava Eicke, ed erano gli unici ad avere un nemico anche in tempo di pace, in questo modo veniva alimentato un odio profondo nei confronti dei propri nemici che si trovavano rinchiusi in cattività. Nel luglio 1937 i battaglioni delle SS-TV furono riorganizzati in tre reggimenti per un totale di 4500 uomini sempre su basi regionali:
SS-Totenkopfstandarte 1 Oberbayern di stanza a Dachau
SS-Totenkopfstandarte 2 Brandenburg di stanza a Oranienburg
SS-Totenkopfstandarte 3 Thüringen di stanza a Buchenwald e Bad Töz

Nel 1938 dopo l'annessione dell'Austria venne creato un nuovo reggimento denominato SS-Totenkopfstandarte 4 Ostmark basato nel campo di concentramento di Mauthausen. Venne inoltre creato un ufficio d'ispettorato per le SS-TV. La forza degli effettivi tra soldati e ufficiali nelle standarte a metà del 1938 era la seguente:

Oberbayern   3335 uomini
Brandenburg 2989 uomini
Thüringen   2220 uomini
Ostmark   2200 uomini

Eicke desiderava sempre un maggior impegno militare per i suoi reparti tanto che nel 1937 iniziò un programma d'addestramento con armi pesanti, anche se obsolete. L'addestramento era basato sui criteri tipici delle SS incentrati più sull'autodisciplina e su un forte senso di cameratismo tra i soldati come tra gli ufficiali. Per esempio tutti gli ufficiali scapoli avevano l'ordine di mangiare nella mensa della truppa. Eicke stesso passava ore seduto in mensa bevendo con le giovani reclute, aveva inoltre preso l'abitudine di parlare da solo con i soldati lontano dai loro immediati superiori. Sia gli ufficiali che i soldati delle SS-TV avevano così l'opportunità di avvicinare direttamente il loro comandante in ogni momento, permettendo ad Eicke di avere informazioni dirette ed immediate sulle situazioni di servizio. La parte più importante dell'addestramento era l'indottrinamento in cui s'insisteva sul carattere d'élite delle SS-TV anche all'interno delle altre formazioni SS, tentando così di rimuovere dalle menti dei suoi uomini lo stereotipo di carcerieri dello Stato. Forte era anche l'indottrinamento nazionalsocialista con l'adozione dei riti dell'Ordine Nero, in particolare Eicke si riprometteva di far abiurare i suoi soldati dalla religione cristiana, in modo da ottenere le SS-TV formate da pagani, fedeli alla religione del Sangue dei primi Germani, dediti esclusivamente al servizio dello Stato e del Führer.

Questa veemenza antireligiosa poteva portava a rotture all'interno delle famiglie dei soldati, Eicke rispondeva con un maggior cameratismo, invitando a casa propria i soldati in licenza. L'addestramento politico riguardava lo studio dettagliato della storia della Germania, degli Indoeuropei, del partito nazista e quella dei nemici dello Stato che erano così disposti in ordine di pericolosità: i giudei, i massoni, i bolscevichi e infine la chiesa.

La disciplina era molto rigida. Spesso le punizioni erano brutali e chi non era ritenuto all'altezza dei propri compiti o svolgeva malvolentieri il proprio servizio era espulso dalle SS-TV e rimandato immediatamente nelle file delle Allgemeine SS. Eicke continuava ad impedire l'accesso a qualsiasi organizzazione di tipo militare impedendo ad ufficiali anziani di entrare nella sua organizzazione per curarne l'addestramento militare, diversamente da come era successo per le altre due formazioni delle SS in cui i veterani Hausser e Steiner ne avevano curato la preparazione militare con successo. L'addestramento era in ogni caso il più realistico possibile e spesso erano usate munizioni vere. Esso comprendeva tre settimane di esercitazioni e una settimana di guardia nei campi di concentramento nell'arco di un mese.

L'esperienza della guardia ai prigionieri aumentava il sentimento di superiorità nei confronti degli internati che erano considerati non tanto inferiori quanto implacabili nemici della nazione Tedesca confermando così lo stato di guerra delle SS-TV all'interno dei campi. I prigionieri erano trattati duramente e in maniera impersonale anche se non erano tollerati atti di brutalità o di sadismo individuale, mentre era severamente punito chi utilizzava il lavoro dei prigionieri per i propri scopi personali. Lo stipendio era lo stesso corrisposto dalla Wehrmacht, mentre le condizioni di ferma erano più lunghe, essendo di quattro anni per i soldati semplici, vent'anni per i sottufficiali e venticinque per gli ufficiali. Nelle SS-TV però non vi era equiparazione con il servizio militare fino alla primavera del 1939, obbligando i coscritti delle SS-TV a svolgere il normale servizio militare. Eicke preferiva che i suoi uomini espletassero il loro servizio militare in marina o in aeronautica piuttosto che nelle SS-VT, conscio che chi fosse entrato in questi ultimi reparti avrebbe preferito rimanerci piuttosto che tornare nelle Totenkopfverbande e riprendere le mansioni di guardia nei campi di concentramento.

Lo stesso decreto del 1939 che equiparava le SS-TV alle altre armi dello Stato ne prevedeva l'uso in speciali compiti di polizia nei paesi occupati direttamente sotto il comando di Himmler e divideva i quattro reggimenti in tre battaglioni, ognuno dei quali con tre compagnie di fanteria e una compagnia di mitragliatrici, inoltre le unità di Eicke dovevano essere completamente motorizzate con auto e camion per trasportare uomini ed equipaggiamenti. Queste unità vennero utilizzate con compiti di polizia nell'occupazione della Cecoslovacchia. Himmler stesso decise un ulteriore aumento dell'organico delle SS-Totenkopfverbande per portarlo ad una forza di 25000 uomini chiedendo ai soldati delle SS-VT che stavano per congedarsi di entrare nelle SS-TV come sottufficiali, incoraggiando anche i membri delle SA ad entrare in servizio nelle

SS-Totenkopfverbande pur mantenendo le loro mostrine sull'uniforme delle SS e con la promessa di tornare nei loro reparti al più presto.

La forza presente nelle SS-TV a metà del 1939 era di 22033 uomini di cui 755 ufficiali, 5005 sottufficiali e 16273 soldati di truppa triplicando la sua composizione precedente, con una discreta quantità di armi ed equipaggiamento che andavano dalle mitragliatrici pesanti, ai fucili e alle pistole mitragliatrici.

Venne inoltre aggiunta una nuova SS-Totenkopfstandarte la 5° denominata Dietrich Eckart con l'aggiunta di un battaglione medico, una compagnia anticarro dimostrativa, un plotone segnalatori e un'unità del genio semimotorizzata.

I campi di concentramento divennero i luoghi di raduno dei nuovi reggimenti dove potevano addestrarsi per il nuovo compito assegnatogli di polizia e sicurezza dietro le linee tedesche, compito che sarebbe stato ben presto svolto con l'apertura delle ostilità contro la Polonia, l'occasione per gli uomini di Eicke di dimostrare la loro fedeltà al Führer.

Soldato della Totenkopf in posa per una foto

III

Polonia

La mattina del primo settembre del 1939 gli uomini dei tre reggimenti creati da Eicke; SS "Oberbayern", SS "Brandenburg" e SS "Thüringen", si apprestavano a lasciare le loro baracche nelle vicinanze dei rispettivi campi di concentramento per essere assegnati come truppe di occupazione in Polonia. Le unità delle Totenkopfverbande di guardia nei campi di concentramento vennero sostituite da membri delle Allgemenine SS di età superiore ai 45 anni.

I tre reggimenti della Totenkopf vennero concentrati nella Slesia superiore il 7 settembre pronti ad essere impiegate come Einsatzgruppen (gruppi d'azione) sotto il comando di Eicke con il compito di annientare ogni possibile focolaio di resistenza nella Polonia occupata.

Eicke non seguì i suoi uomini sul campo ma rimase presso il quartier generale di Hitler come capo della polizia e delle SS nelle zone occupate (Hohere SS und Polizei Führer, abbreviato in HSSPF) dall'ottava e dalla decima armata, sottoposto direttamente all'autorità di Himmler.

Una nuova unità venne aggregata nel giugno del 1939, in previsione dell'attacco alla Polonia, il battaglione SS "Heimwehr Danzig" della città di Danzica, il cui emblema cittadino delle unità militari della milizia era, dal tempo del Kaiser, una testa di morto, quindi venne naturale incorporare questo reparto nella nuova divisione delle Totenkopf nell'ottobre del 1939.

L' SS "Heimwehr Danzig" era composto da 1500 uomini di cui soltanto 500 erano originari di Danzica ed era così strutturato:

Compagnia comando
4 compagnie di fucilieri
1 compagnia mitragliatrici pesanti
2 compagnie anticarro

Il comando del reparto era stato assegnato al SS OberSturmbannführer Freidemann Götze che, quando nell'agosto del 1939, il Gauleiter di Danzica Albert Forster accettò, in una cerimonia, la bandiera nazista per Danzica, disse: "non vogliamo parate. Vogliamo combattere… per quanto è più sacro a noi…Noi stiamo dove il Führer ci pone, noi lì rimaniamo senza vacillare."

Il 13 settembre il secondo SS-Totenkopfstandarte Brandenburg entrò nella Polonia occupata attraverso il "Corridoio Polacco" al comando dello Standartenführer Paul Nostitz, per le successive tre settimane portò il terrore nei villaggi polacchi arrestando giudei e numerosi polacchi che agivano come franchi tiratori e sabotatori nelle retrovie. Molti di loro furono uccisi mentre "tentavano di fuggire", così almeno si diceva con un certo eufemismo, in realtà molte furono le esecuzioni sommarie e soprattutto le sinagoghe incendiate. In particolare nella città di Wloclawek alcuni chilometri a nord di Varsavia il 22 settembre ci furono esecuzioni di massa nei confronti della comunità ebraica locale. Mentre il 24 venne ordinato da Eicke l'azione di due battaglioni (sturmbanne), sempre delle SS-Totenkopfstandarte Brandenburg, nella cittadina di Bydgoszcz dove nei successivi due giorni furono uccisi circa 800 civili facenti parte di una lista di nomi redatta dalla polizia di sicurezza (SD) riguardante intellettuali e possibili capi della resistenza polacca.

Agosto 1939, Albert Foster Gauleiter di Danzica ispeziona il battaglione SS "Heimwehr Danzig". Questa unità, a differenza delle altre forze della futura divisione Totenkopf, parteciperà attivamente ai combattimenti in Polonia. A sinistra in primo piano L' SS-Obersturmbannführer Friedmann Götze comandante di questa formazione. Quest'ultimo verrà ucciso da un cecchino inglese a Le Paradis il 28 maggio 1940.

Primi giorni di guerra nella città di Danzica. Uomini del battaglione SS "Heimwehr Danzig occupano la città con l'ausilio di un mezzo blindato su cui campeggia la testa di morto e le rune delle SS, sulla torretta si scorge il distintivo delle forze di polizia tedesche. Il soldato subito dietro l'autoblindo indossa una camicia bruna del partito nazista.

Una fase degli scontri sempre a Danzica. L'autoblindo utilizzato dal battaglione SS "Heimwehr Danzig è un Panzerwagen ADGZ di 12 tonnellate di fabbricazione austriaca che poteva raggiungere i 70 km/h su strada con un equipaggio di sei uomini, l'armamento era costituito da due mitragliatrici da 7.92mm e da un cannoncino da 20 mm. questo mezzo durante la guerra verrà utilizzato soprattutto dalle forze di polizia tedesche.

Una altra immagine degli scontri nella città che segnò l'inizio della seconda guerra mondiale. Ancora l'ADGZ in primo piano. La città di Danzica in quei giorni era tappezzata dalle bandiere tedesche, esposte dalla popolazione locale.

Intanto il battaglione SS "Heimwehr Danzig", dopo aver conquistato la città di Danzica nei primi giorni di guerra, attaccò la fortezza Westerplatte già pesantemente bombardata dalla corazzata tedesca Schleswig-Holstein e dalla Luftwaffe combattendo fino alla resa, l'8 settembre, della guarnigione polacca cui le SS tributarono l'onore delle armi, negli scontri le SS registrarono 50 caduti tra i loro ranghi.
L'SS "Heimwehr Danzig" continuò ad operare in Pomerania e nel corridoio della città omonima uccidendo 33 civili, franchi tiratori, nel villaggio di Ksiazki (Hohenkirch) nella provincia Pomerana.
Gli ufficiali e i sottufficiali delle SS-TV che avevano combattuto nei Freikorps ed erano stati umiliati nelle guerre di Slesia contro i Polacchi nel 1921 ebbero in quel momento la possibilità di vendicarsi trattando sia i civili che i militari in modo brutale, approfittando di ogni più piccolo segno di resistenza. L'efficacia delle rappresaglie fu tale che i Polacchi furono terrorizzati da queste azioni e non ebbero il coraggio di opporsi all'invasore per molti anni.
Queste atrocità provocarono nel resto dell'esercito un moto di contrarietà nei confronti

dei battaglioni delle SS-TV. In particolare i rapporti scritti del generale Boehm-Tettelbach al comandante dell'ottava armata il colonnello generale Blaskowitz, mettevano in luce le azioni intraprese dal reggimento "SS Brndenburg" nella città di Wloclawek contro gli ebrei locali, senza che queste avessero una necessità prettamente militare, ma rispondevano esclusivamente ad ordini politici dati da autorità non militari. Il generale descriveva come il Gruppenfuhrer Pancke dopo aver ricevuti ordini dall'esercito di rastrellare le foreste a sud di Wloclawek, in cui si annidavano dei soldati sbandati, aveva chiaramente affermato che non avrebbe ubbidito agli ordini fino a che non avesse concluso le proprie operazioni contro gli odiati ebrei a Wloclawek.

Le proteste del generale Blaskowitz raggiunsero l'allora comandante in capo dell'esercito il generale Walter von Brauchitsch, tramite un lungo memoriale sulle atrocità compiute dalle SS-TV, in esso si evidenziava i numerosi saccheggi, le esecuzioni pubbliche e gli incidenti causati da soldati, in particolare venivano accusati i soldati dell'ottava Totenkopfstandarte.

Le rimostranze del generale von Brauchitsch a Hitler furono però molto blande e portarono solo alla promessa di Himmler che le successive azioni sarebbero state condotte in modo da non urtare la sensibilità dell'esercito.

Unità delle SS "Heimwehr Danzig" furono impiegate in combattimento contro la linea difensiva polacca sulla costa della baia di Danzica dal 9 al 12 settembre del '39 quando la resistenza polacca in quel settore cedette.

Le operazioni in Polonia per la maggior parte delle SS-TV si conclusero ai primi di ottobre del 1939, nonostante i soldati di Eicke non fossero mai impiegati come truppe di prima linea essi lamentarono diverse perdite, soprattutto tra gli ufficiali, dovute all'azione di cecchini e franchi tiratori appartenenti a reparti dell'esercito sbandati nelle retrovie o a partigiani. Il bilancio riguardante le varie unità SS impiegate era in ogni modo positivo, tanto che Hitler decise ai primi d'ottobre di formare tre nuove divisioni partendo dalle tre formazioni delle SS che avevano preso parte alla campagna di Polonia, includendo la Leibstandarte SS Adolf Hitler, le SS Verfugungsdivision (formata attorno ai tre reggimenti delle SS-VT) e la nuova SS Totenkopfdivision formata a partire dai reggimenti della SS-TV. Venne inoltre ordinata la costituzione di una quarta divisione, la SS Polizeidivision formata da coscritti dell'Ordnungspolizei. Queste formazioni vennero designate ufficialmente come Waffen SS o SS combattenti. Durante la campagna di Polonia vennero formate ben 9 standarte di fanteria ed una di cavalleria delle Totenkopf che andavano dalla SS-Totenkopfstandarte 5 Brandenburg alla SS-Totenkopfstandarte 13 di fanteria e la SS-Totenkopf-Reiter-Standarte di cavalleria con una forza di oltre duemila uomini per i reparti di fanteria e circa 1500 uomini per quella di cavalleria. I compiti di queste formazioni erano con la SS-Totenkopfstandarte 4 Ostmark prettamente di occupazione dei territori occupati e come serbatoio di riserva per i rimpiazzi della nuova SS Totenkopfdivision.

SS "Heimwehr Danzig" Rottenführer (caporalmaggiore) osserva la linea del fronte durante i duri combattimenti della campagna polacca.

Al momento dell'invasione della Francia vennero aggiunte nuove standarte soprattutto di cavalleria che comunque ebbero una vita effimera venendo assorbite da altre formazioni più grosse e soprattutto dalla Totenkopfdivision durante le varie fasi dell'invasione della Russia. In particolare le unità di cavalleria delle Totenkopf dopo aver distrutto i centri di resistenza polacchi nell'aprile del 1940 costituirono la nuova divisione di cavalleria delle SS la "Floryan Geyer" all'inizio della campagna di Russia, in cui si distinse nella dura lotta antipartigiana.
I reparti delle SS-TV lasciarono la Polonia per concentrarsi nel campo di Dachau, solo la dodicesima standarte rimase nella nuova provincia occupata dove cominciò lo sterminio di 1000 malati di mente del grande ospedale psichiatrico di Owinsk, rimanendo in Polonia fino a quando dopo l'invasione della Russia molti di loro vennero utilizzati come rimpiazzi nel servizio di prima linea della Totenkopfdivision.

Uomini dell' SS "Heimwehr Danzig" in marcia durante la campagna polacca. Tutti portano gli elmetti con la caratteristica fodera mimetica che li distingueva dai colleghi dell'esercito, le giacche mimetiche non sono ancora state distribuite a questa formazione delle SS.

Fascia da polso dell' SS "Heimwehr Danzig"

IV

Totenkopfdivision

Per Eicke era arrivato il momento che aspettava da quando aveva creato i primi reparti di SS-TV, finalmente poteva creare una potente unità militare con compiti di prima linea completamente ai suoi ordini. Per prima cosa vennero trasferiti gli internati di Dachau presso altri campi, poi si organizzarono i sevizi amministrativi e logistici. I viveri vennero procurati dalle fattorie e dai mercati nelle vicinanze degli acquartieramenti, tutto ciò perché l'esercito si opponeva alla creazione della divisione SS, rifiutando ad Eicke ogni appoggio logistico.
Nei progetti la nuova divisione avrebbe assunto il nome di SS Totenkopfdivision abbreviata in SSTK e sarebbe stata una formazione motorizzata, includendo tre reggimenti di fanteria motorizzata (diversamente dalle divisioni di fanteria motorizzate dell'esercito che erano basate su due soli reggimenti motorizzati), un reggimento d'artiglieria, un battaglione anticarro, uno del genio, un battaglione di ricognizione e infine un battaglione di trasmissioni, più i vari reparti amministrativi e il comando di divisione. Ogni reggimento delle SSTK era suddiviso in tre battaglioni e ogni battaglione aveva quattro compagnie motorizzate ma a differenza delle altre divisioni motorizzate non vi era una compagnia di fucilieri motociclisti sotto il comando di reggimento. Il reggimento d'artiglieria era basato su tre battaglioni con tre batterie ognuno e quattro pezzi da campo per batteria. Sia il battaglione del genio che quello anticarro possedevano tre compagnie, mentre il battaglione di ricognizione era diviso in due compagnie dotate di motociclette, le uniche della divisione, più un plotone con autoblindo.
Infine il battaglione trasmissioni aveva due compagnie per il traffico telefonico e una per le radio comunicazioni.
Eicke passò il comando dell'ispettorato dei campi di concentramento e di quello delle Totenkopf a Himmler che affidò quello dei campi di concentramento all'Oberführer Richard Glucks, mentre l'ispettorato delle SSTV veniva affidato all'Oberführer Alfred Schweder, un fedele del capo delle SD Heydrich.
Il 25 ottobre cominciò l'afflusso del personale alla nuova divisione, il nucleo dei tre reggimenti motorizzati era rappresentato dai tre reggimenti originali delle guardie dei campi di concentramento; SS "Oberbayern", SS "Brandenburg" e SS "Thüringen",

mentre l'SS "Heimwehr Danzig" divenne il nucleo del reggimento d'artiglieria.
Per ogni reggimento venne inoltre creato un battaglione d'addestramento e di rimpiazzo ed una compagnia di rimpiazzo per ogni battaglione. Gli ufficiali superiori della divisione vennero scelti da Eicke tra i suoi più fedeli collaboratori che avevano servito con lui o nelle unità di guardia dei campi o nell'ispettorato dei campi di concentramento.

SS Sturmann (caporale) ritratto nel periodo iniziale della guerra. Il berretto grigioverde con visiera, venne dato in dotazione ai soldati di truppa nel momento in cui l'uniforme nera delle SS cessò d'essere usata in libera uscita, ciò avvenne in corrispondenza allo scoppio della guerra.

Il comandante in seconda della SSTK addetto alla logistica e ai trasporti era lo Standartenführer Erich Tschimpke detentore della Croce di Ferro di Prima Classe ottenuta durante la Prima Guerra Mondiale. Nelle SS, dal 1932, era entrato nell'ispettorato dei campi di concentramento nel 1938 dove si distinse per le sue capacità logistiche nel recuperare beni di necessità malgrado l'ostilità dell'esercito. Tschimpke dopo vari incarichi nelle SS nel 1944 divenne ispettore della stampa e propaganda delle SS italiane con il grado di SS Oberführer, posizione che mantenne fino al termine della guerra.

Uno degli ufficiali più fidati di Eicke era lo Standartenführer Max Simon comandante del primo reggimento delle SSTK. Veterano della Grande Guerra, decorato della Croce di Ferro di Prima Classe e combattente dei Freikorps nel 1919.

Dopo un periodo nei ranghi dell'esercito passò dapprima nelle SA e poi nelle SS dove venne impiegato negli uffici dell'ispettorato dei campi di concentramento guadagnandosi la stima di Eicke, divenendo poi comandante del reggimento SS "Oberbayern".

Il comando delle operazioni della divisione venne affidato ad un aristocratico lo Standartenführer Cassius Freiherr von Montigny, un ex sommergibilista della Grande Guerra anch'egli pluridecorato, come molti altri ufficiali della SSTK era un veterano dei Corpi Franchi che combatterono i Polacchi. Nel 1920 aveva intrapreso la carriera d'ufficiale di polizia fino al 1935 quando Hitler formò il nuovo esercito e Montigny poté rientrare nei ranghi della Wehrmacht come comandante di reggimento. Nel 1938, per richiesta di Himmler, Montigny entrò nei ranghi delle SS con il compito di istruttore militare alla SS Junkerschule fino all'ottobre del 1939 quando passò alle dipendenze di Eicke.

Il comandante del secondo reggimento era l'Obersturmbannführer Heinz Bertling, già assegnato nel 1938 al comando del reggimento Thüringen delle SS-VT direttamente da Himmler e per questo visto con sospetto da Eicke, sempre geloso della propria autonomia. Perciò ne ottenne la rimozione e il trasferimento, fino all'ottobre del 1939 a cui venne imposto ad Eicke. Anche Bertling era un decorato veterano della guerra mondiale e nel dopo guerra aveva fatto parte della famosa brigata di marina Ehrhardt autrice del putsch di Kapp nel 1920. Dopo aver servito come ufficiale di polizia entrò nelle SS nel 1931 e nel 1935 fino al suo assegnamento alle SS-VT insegnò tattica alla SS Junkerschule.

La maggior parte degli ufficiali aveva combattuto con valore nella Prima Guerra Mondiale, servendo poi nei Freikorps dove erano tenuti in alta considerazione i sentimenti di cameratismo e di fedeltà assoluta al proprio capo e forte era l'odio nei confronti della repubblica di Weimar ritenuta responsabile dell'infame trattato di Versailles. Dopo l'esperienza nei Freikorps molti di loro ebbero difficoltà ad integrarsi nella vita civile creando delle comunità di lavoro dove potevano mantenere la loro struttura militare e rinsaldare i legami tra i vari combattenti. Dopo essere entrati nelle SS questi uomini trovarono una casa dove la ferrea disciplina e l'ubbidienza militare dava loro una sicurezza che non vi era nella vita civile.

Il programma di addestramento venne preparato da Montigny e cominciò il 24 ottobre dopo la prima ispezione ufficiale di Eicke ai reparti a Dachau.

L'obiettivo era quello di preparare dei soldati capaci di prendere l'iniziativa, qualora

Ufficiali della Totenkopf a rapporto. Bundesarchiv

ce ne fosse stata la necessità, abili nell'uso delle più diverse armi, da soli o coordinati con il resto del reparto. Nell'esercito tedesco, al contrario degli eserciti avversari del tempo, vigeva il concetto dell'Auftragstaktik, (cioè la tattica dell'incarico, oggi in uso presso tutti gli eserciti moderni) contrapposta alla Befehlstaktik, (tattica dell'ordine), che prevedeva, da parte dei soldati di ogni grado, l'affidamento di incarichi e obbiettivi in cui il comandante sul campo era lasciato libero d'intraprendere ogni iniziativa che riteneva valida per raggiungere lo scopo e, nel caso, di sfruttare liberamente ogni successo.

La Auftragstaktik era la norma nell'esercito germanico fin dalla fine delle guerre napoleoniche e nella seconda guerra mondiale portò a molti successi, mentre, al contrario, l'uso della Befehlstaktik, che prevedeva l'esecuzione parola per parola degli ordini assegnati, portò ai nemici dei Tedeschi numerose sconfitte. Nelle SS il concetto dell'Auftragstaktik era ancor più esaltato e sfruttato ad ogni occasione.

L'addestramento delle SSTK insisteva inoltre sulla preparazione fisica con programmi di allenamenti nelle varie discipline sportive, in particolare l'atletica.

L'addestramento partì dal livello di squadra e di plotone per poi passare, nel periodo di novembre, al livello di battaglione. Grande importanza era data alle tattiche di occultamento e mimetismo per poi passare allo spiegamento e concentramento dei reparti motorizzati, alle tecniche di assalto e d'inseguimento, oltre all'uso di svariate armi. Vennero anche mandati diciassette soldati ad un corso di radio-telefonia dell'esercito alla scuola segnali di Halle che incominciava a fornire un certo aiuto logistico nella creazione della nuova divisione.

Nei primi periodi di esistenza della divisione la penuria di mezzi ed equipaggiamenti era spaventosa e per l'approvvigionamento del necessario alla sua divisione Eicke si creò la fama di intraprendente ladro d'armi ed equipaggiamenti. Con l'aiuto di Tschimpke egli frugava nei vari depositi delle SS appropriandosi di ciò che necessitava. Per esempio dalla caserma delle SS di Buchenwald prese quattro camion pieni di vestiario e dal centro medico delle SS di Berlino-Lichtenberg ottenne cinque camion di rifornimenti medici, mentre ai primi di novembre furono prelevati 22 camion Opel-Blitz e 19 motociclette dall'ispettorato dei campi di concentramento ad Oranienburg. Eicke era uso inoltre di tempestare di telefonate Himmler e i comandi dei vari campi di concentramento riuscendo così ad ottenere una gran quantità di materiale, soprattutto munizioni per ogni tipo di arma.

Non sempre però le cose andavano nel verso sperato. In dicembre Eicke mandò trenta soldati all'ispettorato dei campi di concentramento ad Oranienburg per prelevare tutti i mezzi che non erano necessario in quel momento. Questa volta il capo dell'ispettorato Richard Glucks, successore di Eicke a quell'incarico, protestò con Himmler e rispedì ad Eicke i suoi uomini in malo modo senza che essi fossero riusciti ad impadronirsi di alcun veicolo.

Ad ogni modo la SSTK da metà novembre poteva contare su una piccola quantità di armi pesanti, in particolare 16 cannoni anticarro da 37 mm. Inoltre era in grado di equipaggiare completamente il battaglione di ricognizione ma non aveva ancora i pezzi da 150 mm per il reggimento d'artiglieria e non vi erano neppure sufficienti mezzi di trasporto per i 105 mm già in possesso del reggimento.

Molta importanza era data allo spirito di corpo e all'indottrinamento in cui si evidenziava il ruolo di primo piano della nuova formazione contro i nemici dello Stato Nazionalsocialista. Il personale della divisione era ora di 15000 unità di cui solo 7000 provenivano dalle originali Totenkopfverbande (SSTV), il resto proveniva dalle Allgemeine SS e dall'Ordnungspolizei che non avevano la stessa preparazione e disciplina dei primi reparti delle SSTV.

Soprattutto la vicinanza degli acquartieramenti con la città di Monaco favoriva assenze ingiustificate dalla caserma creando anche episodi poco edificanti. Particolarmente grave fu un incidente occorso nella notte tra il 20 e il 21 di novembre quando dopo aver rimosso dal suo incarico l'ufficiale addetto al battaglione segnalazioni l'Obersturmbannführer Werner e averlo trasferito all'ispettorato di Oranienburg per una nuova assegnazione a causa dell'uso improprio di veicoli di servizio e dopo aver annullato tutte le licenze per tre giorni, per scarso rendimento della truppa, nelle esercitazioni, sei soldati rubarono un camion Opel-Blitz e senza essere notati si recarono a Monaco dove si diedero a bagordi nelle varie birrerie cittadine. Al momento di far rientro in caserma il guidatore, che aveva ormai raggiunto un alto tasso alcolico, si scontrò con un tram di linea facendolo deragliare e distruggendo il camion su cui viaggiava. I poliziotti arrivati sul posto trovarono il guidatore ancora

Militari della Totenkopf in libera uscita. Bundesarchiv

stordito dall'incidente mentre i suoi compagni russavano sul cassone del camion senza essersi accorti di nulla.

Eicke infuriato cacciò i sei uomini dalle SS degradandoli e mandandoli al campo di concentramento di Buchenwald come prigionieri per un tempo indeterminato. Questo modo d'agire però era illegale non avendo il diritto come comandante di divisione di punire i suoi soldati con il campo di concentramento. Ad ogni modo né la Gestapo né altri si interessavano per annullare la sentenza di Eicke che, con la minaccia del campo di concentramento, riuscì a ristabilire la disciplina. Un soldato disgustato da questi metodi chiese di essere trasferito dalle SSTK ma venne a sua volta incarcerato.

Per fortuna di Eicke la corte marziale della divisione SS Totenkopfdivision cominciò a riunirsi all'inizio di dicembre, togliendogli molti grattacapi. I primi casi esaminati furono alcuni episodi di furto. Furono condannati alla prigione ad un anno un soldato e ad un anno e mezzo altri cinque soldati ritenuti colpevoli, cosa che portava all'espulsione automatica dalle SS. Eicke tuttavia non riteneva il furto così grave per il campo di concentramento così la pena veniva scontata in carcere.

I problemi erano spesso causati dalla presenza all'interno delle SSTK di elementi poco raccomandabili, che lo stesso Eicke definiva come potenziali criminali, questi erano entrati nelle SS Totenkopf dopo essere stati esclusi da altri reparti delle Waffen SS, dato che si considerava ancora la formazione di Eicke più una forza di gendarmeria che un'unità di prima linea. Per sollevare il morale della truppa Eicke si risolse a cacciare molti degli elementi indesiderati con un passato criminale alle spalle. La qualità delle reclute era inizialmente scarsa anche per la competizione che vi era con i reparti dell'esercito che si aggiudicavano i soggetti migliori lasciando agli altri gli scarti. Ad un certo punto Eicke decise di abbandonare il sistema di punire i colpevoli con il trasferimento nei campi di concentramento, visto che ciò provocava una perdita di personale nella divisione, così venne deciso di creare un'unità militare di punizione detta Sonderkommando all'interno del battaglione del genio, a questa unità venivano assegnati i compiti più pericolosi e sporchi. In questo modo Eicke, dopo aver espulso i condannati dalle SS commutava la sentenza alla prigione assegnandoli per un tempo indefinito a questa unità punitiva, ciò permetteva di limitare le perdite dovute ai problemi disciplinari che affliggevano la divisione.

Nello stesso tempo cominciò ad usare un sistema di punizione molto sperimentato sugli internati dei campi, questa era la cella d'isolamento in cui il condannato rimaneva confinato da solo a pane ed acqua per un periodo di tempo che variava a secondo della gravità del reato fino al massimo di un mese. Questo tipo di punizione veniva data a chi rientrava tardi dalla licenza e dalla libera uscita o chi si fosse ubriacato anche fuori servizio. Infatti, Eicke aveva annunciato che in tempo di guerra non vi era differenza tra il comportamento in servizio e quello tenuto in licenza o nel tempo libero.

Chi disubbidiva agli ordini era generalmente punito con la cella di rigore o con il trasferimento all'ispettorato di Oranienburg per essere poi assegnato come guardia nei campi di concentramento.

Anche le più lievi infrazioni erano punite nel modo più duro possibile lasciando spesso gli uomini al giudizio dei loro comandanti di unità.

La censura all'interno delle SSTK era molto severa tanto che le lettere inviate a casa dai soldati dovevano passare per un apposito ufficio di controllo che impedisse che qualsiasi notizia sulla vita di caserma venisse divulgata all'esterno. A metà gennaio del 1940 un soldato del reggimento d'artiglieria scrisse a casa della grave penuria di vestiti ed equipaggiamento e dello scontento della truppa per le dure punizioni e condizioni del servizio. Questa lettera fece andare su tutte le furie Eicke che minacciò di giudicare come traditore chi avesse fornito notizie sulla vita interna alla caserma o ai suoi spostamenti, inoltre Eicke era particolarmente sensibile a tutti i commenti negativi che i suoi uomini facevano sulla divisione.

Molti però erano i commenti negativi di civili e soldati dell'esercito che avevano avuto a che fare con soldati e ufficiali delle SSTK in libera uscita che spesso avevano causato delle risse. Questi incidenti erano frequenti soprattutto quando la divisione venne trasferita nei nuovi acquartieramenti invernali nell'area di Ludwigsburg-Heilbronn a metà dicembre e provocati deliberatamente dai soldati di Eicke che causavano danni alla proprietà privata. A Stoccarda ci furono incidenti in cui durante la notte alcune SSTK aggredirono dei soldati regolari in strada rubandogli le loro pistole. Se i soldati preferivano le risse gli ufficiali erano più raffinati sparando in aria nei locali dove si trovavano, come accadde una sera al Neckar Hotel ad un Obersturmführer del battaglione segnalatori che completamente ubriaco si mise a sparare ai lampadari del

Soldati della Totenkopf in azione di guerra. Bundesarchiv

locale dove si trovava provocando un fuggi-fuggi generale. Le SS dovettero pagare i danni ed Eicke proibì di frequentare il Neckar Hotel spedendo l'ufficiale all'ispettorato dei campi di concentramento dopo averlo rimosso dal suo comando.
Eicke dovette anche far fronte generosamente ai numerosi debiti che i suoi uomini avevano contratto con mercanti e gestori di vari locali pubblici della zona di Dachau. Per salvare l'immagine della divisione egli diede ordine che ogni comandante di reparto pagasse tutti i debiti dei propri uomini prima di lasciare l'area e trasferirsi nei nuovi acquartieramenti. Un altro problema era dato da alcuni furti commessi da un gruppo di soldati mandati alle scuole di perfezionamento della Wehrmacht. Dopo un indagine vennero mandati alla corte marziale tre soldati che avevano trafugato vestiti ed equipaggiamenti alla scuola medica militare di Neustadt.
La prosecuzione dell'addestramento militare e la dura disciplina permise di ridurre notevolmente questi problemi. Dopo marzo solo dodici soldati erano finiti sotto corte marziale per furto e furono condannati ad un totale di tredici anni e cinque mesi di prigione di cui sei con la condanna più lieve vennero trasferiti al Sonderkommando mentre gli altri finirono in prigione a scontare la pena.
La cosa però che ancora preoccupava Eicke era la fuga di notizie sulle condizioni non ancora eccelse degli equipaggiamenti nella divisione, tanto che impose un controllo incrociato sulla corrispondenza a casa della truppa che veniva controllata prima dai comandanti di unità e poi dall'ufficio addetto alla sicurezza, inoltre, vennero tenuti dei

corsi di come scrivere le lettere a casa senza divulgare notizie riguardanti la propria unità. La penuria di materiali ed equipaggiamento cominciò a risolversi solo verso marzo aprile quando la Wehrmacht cominciò rifornire regolarmente le varie unità di SS, anche la produzione interna ai campi di concentramento, in particolare a Dachau, cominciava a dare i suoi frutti soprattutto nel campo del vestiario dove vennero prodotte le 3000 giacche mimetiche tanto richieste da Eicke dopo l'esperienza polacca in cui gli ufficiali erano facilmente riconosciuti dai loro distintivi e presi di mira dai cecchini nemici e franchi tiratori.

Cominciarono ad affluire anche gli armamenti e le munizioni provenienti dai depositi della Wehrmacht che durante l'inverno si era rifiutata di consegnare, come mortai, pezzi anticarro e d'artiglieria. La fornitura al battaglione segnalazioni fu molto ricca in radio portatili e non, telefoni da campo, e chilometri di cavi telefonici.

Nei cinque mesi invernali che precedettero l'invasione della Francia la divisione si stava trasformando da un'unità male equipaggiata e parzialmente addestrata in una formazione completamente motorizzata, élite del Reich tedesco.

L'addestramento cui erano sottoposti i soldati della SSTK era molto intenso e da metà gennaio molti furono i soldati che, su invito della Wehrmacht, si formavano frequentando corsi di specializzazione nelle scuole dell'esercito.

Sul campo l'addestramento era imperniato sulla tecniche tattiche utilizzate dalle altre formazioni delle Waffen SS che miravano a concentrare tutta la potenza di fuoco della divisione in un unico punto sfruttando la sorpresa e la rapidità di azione dei reparti motorizzati, Eicke in particolare intendeva sfruttare ogni soldato e veicolo disponibile sulla linea del fuoco. L'addestramento seguiva questi criteri utilizzando munizioni vere per rendere il tutto molto più realistico, a tale scopo si abituava i soldati a operare entro cento metri dal fuoco di sbarramento della propria artiglieria e all'utilizzo di una vasta gamma di armi.

Nonostante il cattivo tempo invernale Eicke aveva programmato una serie di esercitazioni a grande scala tra gennaio e febbraio che a causa della scarsa esperienza dei soldati provocò alcuni incidenti e non produsse gli effetti sperati, tanto che Eicke richiese ad Himmler il trasferimento della divisione nella regione del Palatino al confine con le linee francesi della linea Maginot dove i suoi soldati avrebbero potuto impegnarsi in scaramucce contro i Francesi e poter valutare così il livello addestrativi della SSTK.

Himmler però rifiutò questa proposta lasciando la divisione a svolgere le sue normali esercitazioni. Purtroppo ancora nel mese di febbraio una relazione scritta dal capo delle operazioni Montigny evidenziava le carenze nelle varie unità della divisione. Veniva evidenziato la cattiva abitudine dei comandanti di reggimento ad ammassare i veicoli in strade scoperte, rappresentando un facile bersaglio per eventuali aerei nemici e la facilità con cui si creavano ingorghi causati da errori da parte dei comandanti nel prendere la strada giusta, inoltre vi erano troppi veicoli in riparazione e troppi pochi meccanici esperti.

Soldati della Totenkopf in azione di guerra. Bundesarchiv

Si faceva notare la mancanza di coordinazione durante le esercitazioni nei tiri di artiglieria e delle armi d'accompagnamento, ancora più grave era la mancanza di leadership degli ufficiali e la mancanza di disciplina dei soldati che rappresentava il problema più grave nell'addestramento. Dopo questa relazione Eicke organizzò un programma di addestramento intensivo, aiutato anche dall'approssimarsi della bella stagione. La normale giornata dei soldati delle SS cominciava alle sei di mattina con una colazione abbondante composta da 80 grammi di marmellata e 100 grammi di salsiccia e caffè per ogni soldato, seguiva la pulizia della stanza e la sistemazione delle brande. Poi con le armi e l'equipaggiamento vi era l'adunata nella piazza d'armi. Successivamente la mattinata passava con vari esercizi militari come lancio di granate, scavare trincee, ecc. Il pranzo comprendeva 200 grammi di carne, 400-500 grammi di patate e crauti, fagioli o riso, con birra o tè, in più vi era un aggiunta di 15 grammi di lardo. Le esercitazioni continuavano poi fino alle 17.00 quando tornati in camerata si provvedeva alla pulizia delle armi fino alla cena a base di caffè, zuppa di gulasch, una tazza di latte fresco e 400 grammi di patate salate. Alla sera si seguivano varie lezioni teoriche sulle armi, la storia o la propaganda in genere. In particolare Eicke si sforzava, pare con successo, nel far abiurare i propri uomini dalla religione cristiana. Alla vigilia dell'attacco alla Francia il 4 maggio annunciava che solo quattro soldati cattolici erano rimasti fedeli al loro credo religioso mentre gli altri avevano rinunciato almeno formalmente al cristianesimo, aderendo all'ancestrale credo pagano dei Germani.

Le razioni alimentari cominciarono ad essere un problema dopo il trasferimento a Ludwigsburg, dato che l'esercito non forniva le scorte alimentari con regolarità alla divisione. Eicke riuscì a sopperire a questa difficoltà richiedendo ogni volta molto di più di quello che realmente aveva bisogno per la sua mensa. Venivano inoltre prese severe misure contro lo spreco di cibo nelle cucine, annunciando in febbraio che ogni spreco di cibo prezioso in tempo di guerra sarebbe stato considerato sabotaggio e il colpevole punito duramente.

Per aumentare le qualità di comando dei propri ufficiali Eicke mandò un gran numero di vecchi sottufficiali ben selezionati alla Junkerschulen, la scuola ufficiali delle SS. Le esercitazioni furono intensificate con l'arrivo della primavera e le tecniche di assalto a livello di battaglione vennero affinate con l'uso di esplosivo ad alto potenziale per distruggere le fortificazioni, vennero sviluppati esercizi all'arma bianca, al combattimento notturno, e nell'attraversamento di corsi d'acqua, dalla alba al tramonto l'addestramento era continuo sette giorni su sette.

Il due aprile il colonnello generale Weichs comandante della seconda armata di cui la SSTK faceva parte organizzò un ispezione alla nuova divisione SS alle sue dipendenze per verificare i progressi raggiunti. Weichs era un aristocratico, ufficiale di carriera e cattolico fervente, conosceva poco la Totenkopfdivision che comandava, in compenso conosceva Eicke come il creatore dei campi di concentramento e i suoi soldati come degli attaccabrighe e in generale vedeva la SSTK con sospetto. Quando fece l'ispezione Weichs fu sorpreso di trovarsi davanti una divisione completamente motorizzata con oltre 3500 veicoli, cosa rara nell'esercito tedesco di quegli anni, con in dotazione i mezzi più moderni. Nel primo pomeriggio si sarebbe svolta l'esercitazione del primo reggimento di fanteria della SSTK contro un sistema di casematte e trincee fortificate. L'azione cominciò con il tiro d'artiglieria diretto da un aereo da ricognizione, poi la fanteria d'assalto avanzò dietro uno spesso schermo di cortine fumogeni e dietro il tiro di sbarramento dei mortai, concentrando il tiro delle mitragliatrici venne piazzato l'esplosivo ad alto potenziale che sbriciolò le posizioni fortificate. Anche il battaglione del genio dette buona prova di sé distruggendo un intero campo minato posizionato da un'altra unità la notte prima.

Weichs restò entusiasta dell'azione appena vista e volle congratularsi personalmente con gli ufficiali che avevano diretto l'esercitazione. A questo punto Eicke volle ricordargli che era in progetto di creare una sezione di artiglieria pesante e gli chiese di appianare le difficoltà sorte a questo proposito, Weichs promise che avrebbe aiutato Eicke dicendo che avrebbe risolto questo problema entro una settimana. Weichs se ne andò soddisfatto di ciò che aveva visto e promise di tornare presto.

Infatti, il colonnello generale e il suo staff tornarono il 26 aprile per presenziare ad una nuova esercitazione eseguita dalla fanteria e dall'artiglieria che muovevano all'assalto di alcune posizioni fortificate. Al mattino l'assalto venne portato da alcuni battaglioni di fanteria che per impressionare Weichs andavano all'assalto in un area densamente boscosa e con alcuni burroni. Weichs non riuscì a vedere i reparti d'assalto tanto erano ben camuffati e volle avvicinarsi nel mezzo dell'avanzata per una miglior osservazione.

Dopo pranzo Eicke aveva costruito una speciale torre di osservazione dietro l'obiettivo dell'assalto del pomeriggio. Ancora una volta Weichs rimase colpito dall'entusiasmo e dalla ferocia con cui veniva condotto l'attacco. Alla fine della giornata il comandante della seconda armata accettò l'invito del comandante delle SSTK per un tè, rimanendo a chiacchierare per un paio d'ore prima di ripartire.

Le promesse fatte dal colonnello generale riguardo i pezzi di artiglieria pesante vennero esaudite alla fine di aprile quando arrivò alla divisione la prima batteria di quattro pezzi da 150 mm, mandando nello stesso tempo alcuni soldati del reggimento d'artiglieria al corso per cannonieri a Arolson e vennero mandati cinque ufficiali e due sottufficiali ad un corso di un mese alla scuola di artiglieria dell'esercito a Juterbog.

Alla fine di aprile Eicke e i suoi uomini sentivano avvicinarsi il momento dell'attacco alla Francia. Tutte le licenze vennero cancellate e ai soldati a casa venne ordinato di rientrare.

Il primo maggio venne consegnato l'ultimo rifornimento da Dachau di uniformi, elmetti e giacche mimetiche e il 9 maggio la seconda armata mise la SSTK in allerta, vennero inoltre distribuite le razioni da campo sufficienti per dieci giorni.

Gli ordini ricevuti da Eicke erano solamente di essere pronti a muoversi ma non veniva specificato come e dove la divisione sarebbe stata impiegata. Dopo che la battaglia di Francia era cominciata non vi erano notizie precise circa l'uso della SSTK e Eicke e i suoi uomini incominciavano a temere che sarebbero stati utilizzati solo come truppe di occupazione dopo la conquista della Francia. Il rammarico era accentuato dal fatto che la Totenkopfdivision era una delle sole sette divisioni motorizzate delle 157 divisioni dell'esercito tedesco. Infatti, il sospetto con cui erano visti i vecchi guardiani del campo di concentramento della SSTK dall'esercito aveva fatto sì che, al contrario delle altre due formazioni delle Waffen SS, venisse lasciata come riserva.

Per fortuna di Eicke e dei suoi uomini dopo una settimana la rapida avanzata dell'esercito Tedesco aveva creato dei vuoti nel fronte che solo la rapidità di una divisione motorizzata avrebbe potuto coprire.

Fascia da polso della Totenkopf di prima della guerra usato dalla totenkopfstandarte Oberbayern.

V

La campagna di Francia

Alla vigilia dell'attacco le forze tedesche erano suddivise in tre armate, da nord il Gruppo Armate B al comando del generale von Bock con la 18° e la 6° armata, con un totale di 29 divisioni di cui tre divisioni panzer. Doveva occupare i Paesi Bassi e premere sul Belgio settentrionale. Il Gruppo Armate A al comando del generale von Rundstedt con la 4°, 12°, 16° armata e il Panzer Gruppe di von Kleist al centro con il compito più importante di avanzare nel Lussemburgo e nel Belgio meridionale e poi in Francia dove avrebbero dovuto tagliare in due lo schieramento nemico piegando verso nord e la Manica, in totale si trattava di 45 divisioni di cui sette panzer, in più poteva contare di una riserva di 42 divisioni tra cui la Totenkopfdivision. Infine il Gruppo Armate C al comando del generale von Leeb con la 1° e la 7° armata per un totale di 19 divisioni di fanteria con il solo compito di mantenere il fronte all'interno della linea Sigfrido. Il così alto numero di divisioni di riserva era motivato dal fatto che l'alto comando tedesco (OKW) e Hitler si aspettavano una campagna più lunga di quello che fu in realtà.

Il 19° Panzer-Korps del generale Heinz Guderian appartenente al gruppo armate A attraversò il Lussemburgo e il Belgio meridionale passando attraverso la foresta delle Ardenne, il 13 maggio le armate di von Rundstedt avevano già creato delle teste di ponte sulla Mosa e già il 15 maggio, dopo solo cinque giorni dall'inizio dell'offensiva nell'area di Sedan, le truppe tedesche avevano sfondato la linea Maginot dividendo la 9° e la 2° armata francese portandosi così alle spalle e sul fianco destro delle armate alleate a nord. Gli alleati vennero colti di sorpresa da questo manovra poiché ritenevano che nessun reparto corazzato o motorizzato sarebbe stato in grado di attraversare la spessa foresta delle Ardenne. Lasciarono quindi la 2° e 9° armata senza armamenti moderni (soprattutto armi anticarro) dato che il loro compito era esclusivamente di presidio, mentre il grosso delle forze alleate si schierava a nord del Belgio dove ci si aspettava l'attacco principale che poi non vi sarebbe stato. Solo il 13 maggio l'alto comando francese intuì quello che stava accadendo ai suoi danni.

Nel frattempo la Totenkopfdivision raggiunse i confini del Belgio presso il villaggio di Neukirchen dove i suoi uomini aspettavano nervosamente il momento di entrare in azione, trascorrendo quegli ultimi giorni di pace eseguendo le ultime esercitazioni, chiacchierando, tagliandosi i capelli o facendo il bagno. In quel momento la divisione poteva contare su una forza di 668 ufficiali, 2825 sottufficiali e 17818 uomini di truppa, un numero superiore a quello delle rispettive divisioni dell'esercito.

L'OKW sorpreso della rapidità dell'avanzata si preoccupava ora di coprire i possibili buchi che si potevano formare nella pianura durante il movimento di accerchiamento delle armate alleate in Belgio, per questo vennero mobilitate le riserve del Gruppo d'Armate A. Il 17 maggio il comando operazioni dell'OKH l'alto comando dell'esercito ordinò ad Eicke e alla sua divisione di unirsi al Quindicesimo Corpo d'Armata Panzer del generale Hermann Hoth già al comando della 5° e 7° divisione Panzer che era la punta di lancia dell'avanzata delle armate di von Rundstedt.

Durante la notte del 17-18 maggio la SSTK si incolonnò guidata da Eicke nella sua auto comando. Dai confini del Belgio la divisione si spostò verso Maastricht e poi verso sud-ovest verso Dinant. Durante il viaggio di trasferimento la SSTK non incontrò alcuna resistenza da parte del nemico ma dovette superare alcune difficoltà legate al traffico stradale causato dalle riserve del Gruppo Armate A che stavano affluendo verso la Francia causando numerosi ingorghi lungo il tragitto cosparso dei relitti degli automezzi belgi in ritirata. Eicke e i suoi ufficiali ebbero un gran da fare a districare il traffico impegnandosi in aspre discussioni con altri ufficiali dell'esercito per il diritto di precedenza. Questi ingorghi furono abbastanza seri da bloccare gli approvvigionamenti alimentari costringendo i soldati delle SS ad utilizzare le scorte catturate dalla 7° divisione panzer al nemico.

Soldati della divisione Totenkopf vengono autotrasportati in Francia verso il fronte a metà maggio del 1940. Il problema maggiore era rappresentato dagli ingorghi stradali che costringevano i mezzi della divisione a districarsi nel traffico, ciò era spesso causa di ritardi sulla tabella di marcia.

Mezzi della Totenkopf avanzano verso il fronte occidentale. Nella foto si nota la testa di morto, simbolo della divisione, dipinta sul sidecar e sul retro del camion.

Arrivati a Dinant alle quattro del mattino del 19 maggio la SSTK ricevette l'ordine di tenersi pronta al combattimento. Il primo compito assegnato alla divisione in terra di Francia fu quello di avanzare il più rapidamente possibile sul villaggio di Le Cateau per raggiungere la 7° divisione corazza comandata dal generale Erwin Rommel che nella foga di avanzare aveva perso i contatti con il resto del corpo d'armata dopo essere stata bloccata tra Le Cateau e Cambrai correndo ora il rischio di essere isolata dai furiosi contrattacchi Francesi.
Eicke ordinò di attaccare attraverso il fiume Sambre verso Le Cateau e Cambrai impiegando il primo reggimento di fanteria con l'appoggio dell'artiglieria e di compagnie del genio.
Il battesimo del fuoco degli uomini dell'SSTK li vide impegnati in duri combattimenti per tutta la calda giornata del 19 contro soldati marocchini dell'esercito francese che difendevano i numerosi piccoli villaggi della zona, impegnando le SS in una serie di scontri casa per casa e corpo a corpo. Durante quella giornata le SSTK ebbero 16 morti e 53 feriti mentre i marocchini ebbero 200 morti e soli 100 prigionieri ad indicare la ferocia dei combattimenti. Dopo aver ripulito i villaggi dalle truppe marocchine i soldati tedeschi dovettero respingere una serie di contrattacchi francesi guidati da carri armati. A mezzogiorno del 20 la SSTK aveva ripulito dal nemico la zona ad est e a nord di Cambrai catturando 1600 prigionieri inclusi due colonnelli e un discreto numero di

rifornimenti, permettendo inoltre alla 7° Panzer Division e al Gruppo Armate A di riprendere l'avanzata verso la Manica con l'obbiettivo di impedire alle armate Anglo-Francesi di fuggire dall'accerchiamento e di mettersi in salvo a sud del fiume Somme. Nel proseguo dell'offensiva la SSTK venne trasferita al 39° corpo d'armata con l'incarico di avanzare inserita tra l'8° Panzer Division a sud e la 7° Panzer Division a nord. Già la sera del 20 l'8° Panzer Division raggiungeva la città di Hesdin a soli 30 km dalla Manica, mentre il 19° Panzer-Korps di Guderian più a sud era entrato ad Abbeville raggiungendo così la Manica lo stesso giorno intrappolando in una gigantesca sacca le migliori armate alleate tra le forze di von Rundstedt a sud e quelle di von Bock a nord.

Il 21 Hitler diede ordine al 15° Panzer-Korps di attaccare le forze nemiche ormai intrappolate nella sacca iniziando così una battaglia di annientamento. Eicke doveva avanzare verso nord ad ovest di Arras, in questo movimento la divisione doveva superare il fiume Scarpe. Nel mentre il primo reggimento delle SSTK stavano adoperandosi per attraversare quel fiume gli Inglesi tentarono un contrattacco con mezzi corazzati a sud di Arras nel tentativo di aprirsi un corridoio attraverso le linee tedesche e raggiungere la salvezza. Contemporaneamente anche da sud i Francesi avrebbero dovuto attaccare e facilitare il congiungimento delle forze intrappolate nella sacca sennonché questa azione non poté concretizzarsi simultaneamente a quella degli Inglesi ma avvenne

Soldati di un reparto anticarro. A sinistra si nota lo scudo protettivo del cannone anticarro da 37 mm il cui impiego contro i carri inglesi ne rivelò i limiti.

Un camion Mercedes-Benz carico di soldati. L'SS-Scharführer in primo piano porta attaccato alla cintura dei contenitori in cuoio per le mappe.

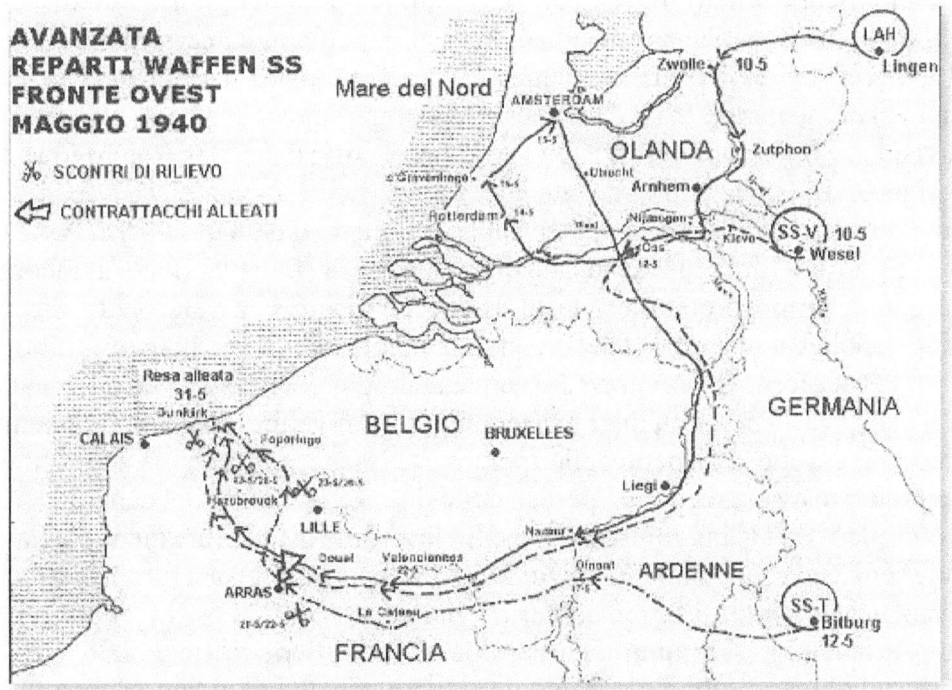

Mappa della prima fase della campagna di Francia

qualche giorno più tardi a causa del cambio del comandante delle forze armate francesi. Nel primo pomeriggio del 21 la 5° e la 30° divisione inglese investì la SSTK e la 7° divisione di Rommel che assorbì la sinistra e il centro dell'attacco britannico. Seguì una confusa battaglia tra mezzi meccanizzati. Nel settore tenuto da Eicke l'attacco dei mezzi corazzati nemici finì direttamente contro il battaglione anticarro della SSTK che posizionò subito i suoi pezzi anticarro da 37 mm nel tentativo di fermare il nemico. Subito i cannonieri tedeschi scoprirono l'inefficacia del loro cannone contro i carri Matilda da 30 tonnellate. Ciò provocò gravi perdite al battaglione anticarro in particolare alla 3° compagnia dove molte SS furono colpiti dal tiro ravvicinato dei carri armati o finirono stritolati con i loro cannoni dai cingolati dei carri. Molti artiglieri vista l'inefficacia del loro tiro abbandonarono i loro cannoni per raggrupparsi dietro il campo di battaglia.

A questo punto intervennero i fanti del 3° reggimento delle SSTK ad aiutare gli artiglieri con mortai e mitragliatrici pesanti permettendo uno spericolato attacco a singoli o coppie di soldati che tentarono di distruggere i carri armati con le bombe a mano. Anche questo tentativo fallì provocando forti perdite ai Tedeschi, molti dei quali furono colpiti allo stomaco o ai polmoni mentre correvano sui carri da neutralizzare, cosa che gli esponeva al tiro delle mitragliatrici dei carri e della fanteria avversaria. Dopo un'ora di questo combattimento Eicke ordinò di utilizzare l'artiglieria pesante per fermare i carri armati, che finalmente furono bloccati anche dal tempestivo intervento degli Stukas sul campo di battaglia. A parte il momento di panico che colpì la SSTK (comune anche con la 7° divisione corazzata) la divisione resse il confronto con i temibili carri armati inglesi con la perdita di 39 soldati morti, due dispersi e 66 feriti. Il battaglione anticarro rivendicò, in quella giornata, 22 carri distrutti.

Il 22 l'avanzata delle SSTK riprese, questa volta alle dipendenze del 16° Panzer-Korps al comando del generale Erich Hoepner, che comprendeva la 3° e 4° Panzer Division e la divisione SS Verfugungsdivision (la futura 2° divisione Das Reich), queste unità erano la punta di lancia dell'avanzata verso nord.

Hoepner a scanso di ulteriori sorprese sul proprio fianco da parte di altri contrattacchi inglesi ordinò ad Eicke un avanzata più circospetta. Il battaglione di ricognizione creava uno schermo protettivo alla divisione che avanzava verso nord incontrando solo una debole e isolata resistenza, con un solo attacco di carri leggeri, prontamente respinto. Per il giorno 23 venne deciso un attacco più deciso attraverso il canale di La Bassée verso la vicina cittadina di Bethune per prevenire un consolidamento delle posizioni inglesi che, a dispetto delle speranze tedesche, avevano già approfittato della lenta e prudente avanzata del 22 per trincerarsi in forze al di là del canale.

Una volta che la SSTK raggiunse Bethune Eicke ordinò di attraversare immediatamente il canale senza una adeguata ricognizione. Quando i primi reparti furono dall'altro lato trovarono i soldati inglesi fortemente trincerati ad attenderli, costringendoli a ritornare indietro. Eicke a questo punto diede ordine al battaglione di ricognizione di trovare un punto debole per l'attraversamento del canale, dando poi al battaglione del genio

Mezzo della sussistenza della Totenkopf. Notare il simbolo divisionale dipinto sul mezzo.

Reparto di motociclisti della Totenkopf.

il compito di gettare un ponte mobile per permettere ai suoi uomini di passare sulla sponda nord del canale, posizionando nello stesso momento le sue artiglierie per coprire l'attraversamento.

Durante la notte tra il 23-24 maggio la SSTK creò una testa di ponte a nord del canale La Bassèe costituita dalla 14° compagnia del 3° battaglione del primo reggimento più una batteria della Flak (antiaerea), anche gli Inglesi della 44° e 48° divisione britannica però avevano rinforzate le proprie posizioni in quel punto.

La mattina del 24 Eicke stesso, pistola in mano, guidò personalmente l'attacco della testa di ponte. Una volta attraversato il canale il suo gruppo si trovò bloccato da un nutrito fuoco di mitragliatrici e fucileria. Ignorando il pericolo Eicke stesso richiese tre compagnie di rinforzo via radio dirigendo poi il tiro delle proprie batterie attestate sul lato sud del canale. Dopo un'ora di combattimenti la testa di ponte era saldamente fortificata sulla sponda nord.

Sennonché un ordine di Hitler alle formazioni corazzate del Gruppo Armate A di fermarsi allo scopo di riorganizzarsi, portò il 16° Panzer-Korps ad ordinare alle SSTK di ritirarsi sulla sponda sud del canale e porsi sulla difensiva.

Una volta ricevuto l'ordine Eicke si infuriò moltissimo, a causa delle perdite subite dalla testa di ponte e dal battaglione del genio, ma anche dalle difficoltà di riportare se stesso e i suoi uomini sulla sponda a sud visto che il ponte era continuamente battuto dalle armi nemiche, peggio ancora quando gli Inglesi videro le SS ritirarsi si fecero ancora più aggressivi soprattutto con il tiro d'artiglieria che rese il ponte costruito dal genio inutilizzabile, costringendo i Tedeschi ad abbandonare l'equipaggiamento per attraversare il canale a nuoto e cercare una copertura sul lato opposto del canale. Le perdite di questa azione ammontarono a 42 morti, cinque dispersi e 121 feriti.

Una volta al sicuro sull'altra sponda Eicke si diresse al comando del 16° Panzer-Korps, per incontrare il suo comandante Hoepner che nel frattempo si era portato nella cittadina di Bethune per osservare da vicino l'azione delle SSTK di cui non aveva particolare stima. Lo scambio di vedute tra i due ufficiali fu molto vivace, come venne poi riferito dal dottor Bothe-Berlin uno degli aiutanti di Hoepner presenti al momento della discussione, con Eicke che accusava Hoepner di aver costretto i suoi uomini a ritirarsi davanti al nemico in modo rovinoso, mentre Hoepner gli rispondeva che Eicke stesso non teneva in alcun conto la vita dei suoi soldati e dicendogli in faccia di essere un macellaio ricordandogli il suo vecchio ruolo come comandante di campo di concentramento.

Le unità delle SSTK rimasero ferme in attesa di ordini per i giorni 25 e 26 sotto un pioggia battente e il continuo tiro delle artiglierie e mortai nemici sulle unità più avanzate colpendo numerosi veicoli e aumentando le perdite tra i soldati. Nel frattempo gli Inglesi ne approfittavano per trincerarsi ulteriormente.

Eicke di propria iniziativa autorizzò piccole pattuglia ad attraversare il canale per delle ricognizioni offensive nel tentativo di neutralizzare alcune postazioni di mortai.

Una di queste pattuglie condotta dal Obersturmführer Harrer dopo aver attraversato il canale intercettò una staffetta inglese in motocicletta che subito venne ferita ad una spalla da una SS con il suo fucile, quando il gruppo raggiunse la staffetta ferita dopo averla rimessa in piedi provarono a conversare con lui senza successo poi Harrer tentò d'interrogarlo prima in inglese poi in francese senza successo, a questo punto l'Obersturmführer spazientito estrasse la pistola sparandogli a bruciapelo buttando poi il corpo e la motocicletta in un fosso lungo la strada. Poco più tardi lo stesso gruppo cadde in un imboscata e alcuni di loro vennero fatti prigionieri mentre Harrer sebbene ferito riuscì a fuggire riattraversando le linee avversarie. Gli Inglesi all'oscuro di quanto successo poco prima al loro camerata non maltrattarono i loro prigionieri ma dopo averli interrogati gli vennero dati abiti puliti e cibo caldo, proteggendoli pure dal linciaggio da parte della popolazione di un villaggio francese sulla linea del fronte appena bombardato. Infine negli ultimi giorni della ritirata da Dunkirk questi stessi soldati riuscirono a fuggire e a guadagnare le proprie linee. Questo episodio sebbene isolato preannunciò eventi peggiori che sarebbero occorsi pochi giorni più tardi.

Il giorno 26 Hitler decise di riprendere l'avanzata ed Eicke ricevette disposizioni di creare delle nuove teste di ponte tra i villaggi di Locon e Le Cornet Malo.

Durante la notte tra il 26 e il 27 lo Standartenführer Heinz Bertling al comando del 2° reggimento delle SSTK creò una prima testa di ponte a nord di Bethune grazie all'attività febbrile dei reparti del genio. All'alba però la forte resistenza inglese non permise di consolidare la propria posizione sulla sponda a nord bloccandone l'avanzata. Poco più sud della prima testa di ponte, alle 8:30 di mattina del 27 maggio, con la copertura di un pesante tiro di preparazione d'artiglieria, il 3° reggimento delle SSTK cominciò ad attraversare il canale al comando dello Standartenführer Friedmann Götze con maggior successo di quanto avveniva a nord utilizzando un pontone realizzato dagli ormai esperti soldati del battaglione del genio.

La stessa mattinata Eicke ricevette ulteriori ordini da parte di Hoepner, che sottovalutava la resistenza inglese lungo il canale, di avanzare velocemente e posizionarsi tra i villaggi di Estaires e Neuve Chapelle.

Questi ordini insieme all'ostinata resistenza inglese provocarono la battaglia più dura e sanguinosa che la SSTK dovette affrontare in tutta la campagna di Francia.

Il 3° reggimento a sud grazie al forte fuoco di sbarramento delle artiglierie riuscì presto a sopraffare i difensori trincerati a Locon e a riunirsi con forze della 4° Panzer Division bloccandosi in attesa di ordini.

Ben diversa era la situazione sull'ala sinistra, nel settore più a nord. Qui il reggimento di Bertling dovette confrontarsi con il 1° battaglione dei Royal Scots Regiment, il 2° battaglione dei Royal Norfolk e il 1° e 8° battaglione dei Lancashire Fusilier, tutti ben trincerati dopo i due giorni di pausa concessi loro dai Tedeschi. Per tutta la giornata i combattimenti furono furiosi, con gli Inglesi che avevano trasformato ogni edificio di Bethune in un centro di difesa.

Si combatteva per le strade, nei vicoli e nei fienili, quando le munizioni finirono entrambi i contendenti si scontrarono corpo a corpo cercando di colpirsi l'un l'altro

Soldati della divisione Totenkopf scavano una fossa per seppellire un loro camerata caduto in battaglia.

usando baionette, pugnali o il badile da trincea. Sui fianchi invece i nidi di mitragliatrici, ben mimetizzati, bloccavano qualsiasi movimento. A mezzogiorno il 2° reggimento di Bertling si trovò in una situazione disperata, dopo aver esteso le linee verso nord, senza un'adeguata protezione sui fianchi, si era trovato così con il reggimento suddiviso in piccole sacche, sulla difensiva.

Eicke per risolvere la situazione ordinò al 3° reggimento di Götze di fermare la propria avanzata e d'inviare un battaglione di soccorso verso nord per impegnare le truppe inglesi dislocate vicino a Le Paradis e Le Cornet Malo in modo da diminuire la pressione sul 2° reggimento.

La situazione era tanto peggiore al quartier generale della SSTK con il continuo andirivieni di informazioni contraddittorie sul prosieguo della battaglia. La tensione era tanto forte che durante una discussione con Eicke, il suo ufficiale alle operazioni Montigny, cadde privo di conoscenza e venne subito evacuato nelle retrovie presso un ospedale dove gli venne diagnosticata un ulcera perforante (Montigny non tornerà più con la SSTK, dopo la convalescenza gli verrà assegnato il comando della SS Junkerschule, incarico che manterrà fino alla morte nel novembre 1940 a causa di un attacco di cuore durante un raid aereo inglese). La perdita di Montigny privava Eicke dell'ufficiale più esperto nella divisione, perdita aggravata un ora più tardi, dalla morte a causa di un cecchino del comandante del 3° reggimento lo Standartenführer Götze nelle vicinanze del villaggio di Le Paradis. Malgrado ciò l'attacco del battaglione di

Götze ebbe successo e permise al 2° reggimento di riprendere l'avanzata, favorito anche dal ristabilimento del collegamento radio tra Eicke e Bertling nel pomeriggio. Gli Inglesi a questo punto si videro costretti a ritirarsi su una nuova linea difensiva, lungo un nuovo canale, tra i villaggi di Lestrem e Vieille Chapelle, dove vennero rinforzati da truppe fresche, abbandonando definitivamente Bethune ormai completamente distrutta e lasciando gli uomini della Totenkopfdivision a ripulire il campo di battaglia dagli ultimi cecchini.

Durante questo movimento di ritirata vennero lasciati indietro un centinaio di soldati dei Royal Norfolk che si fortificarono in una fattoria vicino a Le Paradis con l'intento di ritardare l'avanzata nemica. La fattoria venne subito circondata nel pomeriggio del 27 dall'Obersturmführer Fritz Knochlein al comando della 14° compagnia del 1° battaglione del 2° reggimento che più aveva sofferto per lo scontro di qualche ora precedente. Gli Inglesi dopo aver combattuto per un'ora e aver ucciso e ferito molti uomini della 14° compagnia, grazie anche ad una mitragliatrice ben posizionata, finirono presto le loro munizioni e vista la situazione senza speranza decisero di arrendersi innalzando una bandiera bianca e, gettando le armi, uscirono allo scoperto. Knochlein ordinò agli ignari prigionieri di portarsi contro il muro di un granaio e ad un comando dell'Obersturmführer due mitragliatrici pesanti fecero fuoco sui soldati inglesi inermi fino a che non vi fu più cenno di vita tra la massa dei caduti, poi alcuni soldati colpirono con la baionetta chi sembrava ancora vivo.

Miracolosamente due soldati inglesi coperti dai camerati uccisi si salvarono fingendosi morti e mentre gli uomini di Knochlein riprendevano l'avanzata con il resto del reggimento i due soldati, Albert Pooley e William O'Callaghan, si nascosero nelle vicine fattorie fino a che si consegnarono ad una compagnia medica della 251° divisione di fanteria che si prese cura dei due soldati. Pooley che era rimasto seriamente ferito venne rimpatriato nel 1943, mentre O'Callaghan rimase in Germania fino alla fine della guerra, quando entrambe le loro testimonianze permisero di condannare Knochlein, che era sopravvissuto alla guerra, alla pena di morte come criminale di guerra, pena che venne eseguita mediante l'impiccagione.

I fatti di Le Paradis furono il peggior crimine compiuto su tutto il fronte occidentale e viene spesso considerato come il frutto dell'indottrinamento e del fanatismo della Totenkopfdivision sin dalla sua creazione. Questa tendenza veniva spesso esasperata quando i soldati della SSTK si trovavano a fronteggiare una resistenza ostinata che accentuava l'odio verso il nemico inculcato agli uomini di Eicke, sentimento che emergeva spesso anche durante gli attacchi, condotti il più delle volte, in modo spericolato e che portava a perdite elevate tra i ranghi delle SS. La battaglia di quel giorno fu la più sanguinosa per le SSTK di quella campagna con la morte di 155 uomini e 53 dispersi con 483 feriti, contro la perdita di 300 uomini tra morti e feriti degli Inglesi, compresi quelli massacrati a Le Paradis.

La notizia del massacro di prigionieri inermi si diffuse presto, provocando un forte disappunto nella Wehrmacht. In particolare il comandante del 16° Panzer-Korps

Pezzo controcarro tedesco in azione durante la campagna di Francia.

Nella pagina a destra due immagini relative a carri francesi mezzi fuori combattimento e poi riutilizzati con la croce tedesca.

Hoepner, che già aveva delle idee prevenute sul conto della divisione al suo comando, ordinò un'inchiesta chiedendo poi le dimissioni di Eicke dal comando. Ciò anche a causa di precedenti rapporti su maltrattamenti di prigionieri inflitti dalle sue SS pervenuti già il 24 maggio che lo portò ad emettere un ordine riguardante ufficiali e soldati che, per chi avesse maltrattato dei prigionieri, era prevista la corte marziale e anche la pena di morte. Oltre ai rapporti sull'assassinio di prigionieri arrivarono ad Hoepner notizie circa atti di saccheggio ai danni della cittadina di Bethune.

Nell'euforia della vittoria tuttavia le indagini di Hoepner non produssero effetti evidenti ad Eicke e i suoi uomini se non quello di un imbarazzante spiegazione del comandante delle SSTK a Himmler in cui giustificava l'azione dei suoi soldati per la violazione delle leggi di guerra da parte dei britannici per l'uso di proiettili dum-dum. Ad ogni modo nessun inchiesta venne portata avanti per verificare la verità di quelle affermazioni. Anche all'interno della Totenkopfdivision la strage provocò un certo sconcerto che rese impopolare Knochlein e i soldati coinvolti nel fatto.

L'avanzata delle SSTK del 27 maggio si fermò quella sera davanti alle nuove postazioni inglesi, che si erano nel frattempo trincerati con successo sul canale Lys tra le cittadine di Estaires e Merville.

Mentre i suoi uomini riposavano, Eicke ricevette nuovi ordini da Hoepner per una rinnovata offensiva per il giorno dopo con l'obbiettivo di creare delle teste di ponte sul canale Lys. L'attacco ebbe inizio alle 8:00 del 28 maggio con un forte tiro di preparazione da parte delle artiglicrie divisionali.

A mezzogiorno la testa di ponte sperimentò una pressione dei combattimenti pari a quella del giorno precedente e presto gli uomini di Eicke ancora stanchi delle prove appena superate furono messi sulla difensiva dai contrattacchi inglesi intorno ad Estaires e dal tiro ben diretto delle batterie inglesi che portarono alla perdita di molti mezzi e provocarono alcune perdite tra i soldati. Il calare del sole mise termine ai combattimenti con progressi minimi da parte della SSTK.

Hoepner seccato dalla battuta di arresto subita dalle SS telefonò ad Eicke la sera del 28 ordinando la ripresa dell'offensiva per la mattina del giorno dopo con l'ordine di attaccare ad ovest di Estaires. La mattina successiva all'alba unità di genieri e del battaglione anticarro accompagnarono i fanti sulla testa di ponte che venne presto consolidata, anche dal fatto che le forze nemiche ormai entrate in una crisi generale avevano cominciato una nuova ritirata. Il generale Hoth, superiore a Hoepner come comandante di panzergruppe, ordinò d'inseguire il nemico d'appresso mantenendo il contatto con le truppe nemiche. L'avanzata della SSTK venne di nuovo fermata nel pomeriggio da un accurato tiro d'artiglieria da posizioni a nord di Estaires e che costrinse i soldati della Totenkopfdivision, Eicke e il suo staff compreso, a ripararsi per non essere colpiti. Questo forte bombardamento permise agli Inglesi di sganciarsi dai Tedeschi e proseguire nella ritirata. L'arrivo della Luftwaffe nel tardo pomeriggio interruppe il martellamento delle artiglierie e permise ad Eicke di riprendere l'offensiva ma ormai la maggior parte delle truppe britanniche si erano concentrate nel perimetro

Attraversamento di un fiume con canotti.

Soldati della Totenkopf in attesa davanti ad un ponte distrutto dai Francesi sono in attesa di attraversare il fiume sui tralicci ancora percorribili del ponte.

difensivo di Dunkirk. Il giorno 29 venne diramato il famoso ordine di Hitler di bloccare l'attacco finale alla sacca di Dunkirk, decisione presa su basi politiche ma anche per un eccesso di prudenza nel ritenere che le sue forze corazzate necessitavano un periodo di pausa per riorganizzarsi e dall'assicurazione di Göring di rendere difficile un eventuale fuga attraverso la Manica grazie all'uso massiccio dell'aviazione. Per la SSTK questo rappresentò la fine della prima e più difficile fase della campagna di Francia.

Dopo la partenza del corpo di spedizione Britannico da Dunkirk la SSTK il 30 maggio venne trasferita dal 16° Panzer-Korps al 4° Corpo d'Armata nel tranquillo settore di Boulogne per un periodo di riposo e di difesa dell'area costiera. Eicke si premunì di dare istruzioni ai suoi soldati di come comportarsi con i civili francesi senza creare incidenti, perché come disse lui stesso "ci troviamo osservati ovunque andiamo" dicendo poi con allusione a Le Paradis che i misfatti di pochi portavano il discredito sull'intera divisione. Così durante l'occupazione di Boulogne non si verificarono incidenti di alcun tipo.

In quel periodo Himmler ispezionò la divisione consegnando alcune decorazioni malgrado Hoepner avesse messo il veto a qualsiasi distribuzione di medaglie prima della conclusione dell'inchiesta di Le Paradis, tra i premiati con la Croce di Ferro di Prima Classe ci fu anche Eicke.

Malgrado ciò i rapporti tra Himmler ed Eicke erano tesi a causa del poco brillante comportamento della divisione in battaglia, infatti negli ultimi dieci giorni di maggio a fronte di una perdita di 1140 uomini, superiori ad ogni altra divisione tedesca, i risultati non erano stati eccezionali. Himmler era preoccupato circa il rimpiazzo di ben 300 ufficiali perduti nei combattimenti e dalla gran quantità di automezzi e armi andati distrutti e che la Wehrmacht dopo i fatti di Le Paradis si rifiutava di rimpiazzare.

Eicke senza il consenso di Himmler si risolse a prendere dei mezzi impiegati in Polonia dei reparti dalle SS Totenkopf che erano impiegate nella lotta contro i partigiani locali. Himmler per risposta assegnò come ufficiale alle operazioni della divisione al posto di Montigny un suo fedelissimo: l'SS Brigadeführer Kurt Knoblauch con l'incarico di controllare Eicke, il quale da parte sua si premunì di rendere la vita difficile al suo nuovo sottoposto, trattandolo come una spia e discutendo con lui per servizio il meno possibile. La mattina del 6 giugno cominciò per le SSTK la seconda fase della campagna di Francia. Eicke ricevette l'ordine di raggiungere Sant Omer per congiungersi al 28° Corpo d'Armata con il compito di riserva, permettendo così a Tschimpke di organizzare gli ultimi preziosi rifornimento per la divisione.

Il 10 giugno la divisione venne trasferita presso la 6° Armata del Gruppo Armate B a Péronne, per poi essere di nuovo trasferita al 14° Corpo Motorizzato di Ewald von Kleist, che comprendeva la 9° e la 10° Panzer Division, con l'ordine di muoversi verso sud e liberare le strade dai soldati francesi. Il giorno 14 quando i Tedeschi occuparono Parigi venne ordinato al 14° Corpo di von Kleist di occupare Orleans. La SSTK, avanzando verso sud, incontrò solo una debole resistenza formata da piccole

Tra i mezzi carichi di truppe diretti al fronte, i camion dei rifornimenti fanno la spola con le retrovie. I bordi dei camion erano dipinti in bianco per renderli più visibili durante i movimenti notturni che si svolgevano con i fanali oscurati. Durante la campagna di Francia i rifornimenti della divisione Totenkopf furono molto efficienti tanto che il responsabile di tale servizio l'SS-Standartenführer Erich Tschimpke ottenne la Croce di Ferro di Prima Classe.

unità sparse, tanto che Eicke decise di comunicare con la radio in chiaro. Nei giorni successivi il compito principale delle SS fu quello di proteggere il fianco della 9° Panzer Division. Durante l'avanzata il problema principale erano le strade bloccate da veicoli abbandonati e distrutti, con orde di rifugiati che si muovevano da una parte all'altra del paese e con centinaia di soldati francesi che tentavano di arrendersi.

Per liberare le strade Eicke mandò avanti una compagnia del genio con l'ordine di distruggere qualunque ostacolo sulla strada. L'avanzata tra il 15 e il 17 giugno si svolse con la perdita di soli due soldati causata da attacchi al suolo di aerei da caccia francesi. In compenso si ebbe la cattura di 4000 prigionieri e di gran quantità di armi ed equipaggiamenti e moltissimo cibo fresco proveniente dai reparti di sussistenza francesi. Ormai ogni resistenza organizzata era venuta meno.

Solo alcuni reparti guidati dall'iniziativa di alcuni ufficiali offrivano però ancora una certa resistenza. Come nel caso di alcune unità marocchine con armi anticarro e mitragliatrici, che posero un imboscata, favorite dalla copertura degli alberi, a reparti avanzati della compagnia motociclisti della SSTK che il giorno 18 si muovevano in colonna sulla strada per Digione. Prima di essere respinti nella foresta i marocchini

causarono alcune perdite tra le SS.
Il giorno dopo tra Digione e Lione il battaglione di ricognizione con due compagnie di fanteria aggregate venne coinvolto in un duro scontro. In particolare la 5° compagnia del secondo battaglione del 2° reggimento delle SSTK si trovò impegnato nel villaggio di Arbresle vicino a Digione contro truppe marocchine lasciate di retroguardia che nei combattimenti corpo a corpo usarono il loro caratteristico pugnale allungato, un modo di combattere che le SS ritennero primitivo e degno di soldati primitivi appartenenti a razze inferiori, inoltre lo considerarono una violazione delle leggi di guerra tanto che non vollero prendere dei prigionieri, uccidendo tutti i marocchini coinvolti nell'azione. Dopo questo evento i soldati delle SSTK si rifiutarono di prendere prigionieri delle truppe coloniali francesi che loro ritenevano di razza inferiore.

Carro francese Renault B1 distrutto dalle SS.

In una scaramuccia il 21 giugno presso Lentilly il 3° battaglione del 1° reggimento prese prigionieri 24 soldati bianchi e uccise 24 soldati negri, un altro rapporto indicava come sette negri vennero uccisi in azione e concludeva "25 prigionieri francesi e 44 negri morti". L'ultimo combattimento della Totenkopfdivision avvenne poco prima del tramonto del 21 sulla strada verso la cittadina di Villefranche, quando il battaglione di ricognizione finì sotto il tiro di un nido di mitragliatrici che provocò alcune perdite prima di essere neutralizzato.
Tra quel giorno e il giorno 25 che chiudeva le ostilità la divisione continuò a catturare

Non sempre i prigionieri di colore venivano passati per le armi. In questa foto si vedono due soldati coloniali in compagnia delle SS della Totenkopf dopo essere stati catturati in una regione della Francia meridionale. I prigionieri, benché con i volti tesi, non sembrano particolarmente preoccupati dal fatto di essere caduti in mano a soldati delle SS che li tratterranno secondo le convenzioni internazionali.

un gran numero di materiali tra cui 230000 litri di gasolio, conquistando numerose fabbriche di armi abbandonate a nord di Lione e la cattura di migliaia di prigionieri, con la perdita di soli 5 uomini uccisi e 13 feriti. Dopo la conclusione dell'armistizio a Compiègne la SSTK insieme alla Verfugungsdivision venne assegnata con compiti d'occupazione nella zona lungo la costa atlantica ai confini con la Spagna. Eicke stabilì il suo quartier generale nel villaggio di Hostens a sud-ovest di Bordeaux, sempre alle dipendenze del 14° Corpo Motorizzato.

Malgrado la perdita di 1152 uomini in soli 10 giorni e nessuna azione decisiva svolta, le SSTK si tolsero di dosso lo stereotipo di guardie, diventando a tutti gli effetti un'unità combattente con una reputazione di soldati coraggiosi e spietati, portando Eicke ad un maggior prestigio e un rinnovato desiderio di autonomia nei confronti di Himmler.

Soldati della Totenkopf festeggiano la fine della campagna di Francia. Molti di essi mostrano le decorazioni guadagnate sul campo insieme alle recenti promozioni.

Ufficiali della Totenkopf durante una manifestazione in uno dei rari periodi di licenza dal fronte.

Pagina a sinistra in basso genieri della divisione SS attraversano un ponte distrutto

VI

Compiti d'occupazione in Francia

Il periodo di occupazione fu per i soldati della SS Totenkopfdivision un periodo di grande euforia che seguì la rapida vittoria contro la Francia. Consapevoli di aver superato la prova del fuoco le SS si ristorarono concedendosi in vacanza estiva nei loro nuovi quartieri a sud di Bordeaux, passando il tempo giocando a calcio lungo la spiaggia, facendo bagni lungo la costa del Golfo di Biscaglia o effettuando escursioni nelle località vicine.
Questo soggiorno estivo venne inframmezzato da alcune esercitazioni alla fine di luglio specialmente per il battaglione di ricognizione e le artiglierie per essere pronti sia ad un eventuale invasioni delle isole Britanniche prevista per l'autunno che all'occupazione della vicina Francia libera di Vichy se la situazione lo avesse richiesto.
La prima metà d'agosto i soldati vennero anche impiegati nei campi di grano espropriati ai contadini per foraggiare le autorità militari d'occupazione, aiutati, alla fine d'agosto, da numerosi prigionieri di guerra francesi.
Mentre i soldati erano intenti a tali occupazioni con gli ufficiali che sovrintendevano ai lavori, gli ufficiali medici si dedicavano alla cura della popolazione civile in un modo inaspettato per appartenenti alla SSTK, adoperandosi con impegno nei piccoli villaggi dove le unità della divisione erano dislocati, tanto che il numero dei civili curati sorpassava di gran lunga quello dei soldati delle SS. Questo malgrado gli ordini per la Wehrmacht e le SS di evitare qualsiasi contatto con la popolazione civile, in particolare per gli uomini della SSTK vi era il divieto di partecipare alle funzioni religiose, dato che la mancanza di cappellani all'interno della divisione costringeva, chi ancora conservava la propria fede cristiana, a cercare all'esterno i conforti religiosi.
Se i suoi soldati si godevano i frutti della vittoria, la situazione per il loro comandante era diversa, infatti il periodo d'occupazione venne ricordato da Eicke come il peggiore e il più difficoltoso di tutta la sua carriera.
I problemi per Eicke cominciarono al suo ritorno al comando della divisione dopo aver partecipato il 19 luglio alle celebrazioni della vittoria a Berlino, insieme ad un soldato semplice scelto tra i ranghi.
I primi grattacapi arrivarono dalla corte marziale della SSTK che finite le operazioni si era di nuovo riunita per giudicare vari misfatti accaduti durante la campagna, come saccheggio o codardia davanti al nemico.

Lo Sturmbannführer Ernst Häussler, comandante di battaglione della SS-Panzergrenadier-Division Totenkopf

In verità per codardia venne giudicato un solo caso in tutta la divisione, riguardante un Untersturmführer che giudicato colpevole venne degradato, espulso dalle SS e spedito indefinitivamente presso la compagnia penale della divisione.

Molti di più furono i casi disciplinari riguardanti soprattutto crimini commessi contro le proprietà private di cittadini francesi. Spesso in queste azioni erano coinvolti anche degli ufficiali come nel caso di due ufficiali del reggimento d'artiglieria che prelevarono numerosi orologi da un negozio di proprietà ebraica ad Arras, durante le fasi della campagna di Francia, per poi distribuirli ai loro soldati. Quando Eicke venne a conoscenza del fatto non rimproverò più di tanto i due ufficiali, facendo semplicemente confiscare gli orologi dal comandante del reggimento d'artiglieria per poi passarli alla Wehrmacht per la semplice ragione che erano stati prima i soldati dell'esercito ad entrare in Arras e reclamare così quel bottino di guerra per loro, perciò i due ufficiali avevano prelevato degli oggetti che già appartenevano al Reich.

Nell'estate del 1940 venne anche scoperta una truffa eseguita da tre soldati del 2° reggimento delle SSTK ai danni della popolazione civile, si venne a sapere che questi soldati avevano fatto acquisti con del denaro tedesco ormai fuori corso avendo utilizzato dei Reichmarks risalenti al periodo della grande inflazione del 1923. Tutti questi episodi e altri di minore entità, erano seguiti da vicino da Eicke che desiderava conoscere ogni più piccola cosa riguardo i suoi soldati in maniera ossessiva.

Un'altra sua caratteristica che però lo rese molto impopolare tra i suoi colleghi ufficiali, soprattutto quelli dell'esercito, era quella di punire gli ufficiali della sua divisione per le più piccole mancanze in modo pubblico e trattandoli come fossero soldati. Questo suo comportamento era giustificato dal fatto che vedeva la sua divisione come una forza di popolo più simile ad una armata di lanzichenecchi che ad una moderna unità militare. Eicke aveva comunque un motivo d'attrito più importante con i suoi colleghi ufficiali delle SS che riguardava la qualità dei rimpiazzi che dovevano riempire i vuoti tra i ranghi della divisione aperti dalla battaglia di Francia. Ritenendo infatti che le nuove reclute non rispettavano i requisiti razziali previsti dall'organizzazione delle SS, cosa che avrebbe distrutto il carattere d'élite della divisione. Inoltre molti rimpiazzi venivano dalle standarte delle Totenkopf impiegate come truppe d'occupazione o nei campi di concentramento i cui elementi, oltre a non essere di pura razza nordica, erano spesso dei criminali.

La polemica tra Eicke e Gottlob Berger, il capo del servizio di reclutamento delle SS, divenne sempre più pesante fino a coinvolgere Himmler quando lo stesso Berger informò il Reichsführer che Eicke su 700 rimpiazzi ne aveva rifiutati ben 500 rispedendoli al mittente con la motivazione di essere razzialmente inferiori o "ovvi elementi criminali", mettendo così in difficoltà Berger che si trovava così a gestire dei soldati lungo il Reich per poterli piazzare in qualche unità di riserva delle SS. Berger inoltre descrisse in una lunga lettera al capo di stato maggiore presso il Reichsführer Karl Wolff come Eicke fosse colpevole di maltrattamenti delle reclute mandate dalla riserva delle SSTV, inoltre indicava come il 60% degli appartenenti alla SSTK non si riteneva soddisfatto del servizio nella divisione e voleva essere trasferito. Queste critiche raggiunsero presto altre cariche importanti delle SS tra cui il Brigadeführer Hans Jüttner capo dell'Führungshauptamt (SSFHA), l'ufficio operazioni delle SS nato nell'agosto del 1940 per coordinare l'attività militare delle SS, in grande espansione in quel periodo.

Jüttner immediato superiore di Eicke condusse una propria inchiesta sul comportamento del suo sottoposto, in particolare sui giuramenti segreti non autorizzati in cui gli uomini che entravano nella Totenkopfdivision dovevano prestare, così come risultò dalle confidenze fatte a Jüttner da ufficiali delle SS Algemeine che servirono brevemente nelle SSTK durante la campagna di Francia. Eicke per spiegazione disse che erano una misura aggiuntiva di sicurezza che aumentava lo spirito di corpo. Per quanto riguardava i fenomeni di disaffezione degli uomini nella sua divisione Eicke rispose a Jüttner in maniera brusca, tramite una lettera dove considerando se stesso subordinato solo ad Himmler e che non avrebbe tollerato nessuna interferenza nella conduzione del comando all'interno della SSTK. Un tono così insubordinato che, per chiunque altro avrebbe portato davanti alla corte marziale, per Eicke si tradusse in una vittoria, questo grazie al fatto di essere uno dei più anziani ufficiali delle SS appartenente alla vecchia guardia e anche uno dei tre soli comandanti di divisione delle SS che avevano dato prova di valore sul campo di battaglia. Così Jüttner dovette abbandonare ogni inchiesta sulla divisione lasciando in vigore il giuramento personale delle Totenkopfdivision.

L'allargamento delle SS voluto da Himmler, cominciò a partire dal 15 agosto 1940 e presto sarebbe andato a formare nuove divisioni delle Waffen SS molte delle quali composte da volontari stranieri.

Le conseguenze per Eicke e le sue Totenkopf furono diverse e tutte tese ad una limitazione dei suoi poteri. Per prima cosa venne chiuso l'ispettorato delle SSTV da Himmler, incorporando le riserve delle unità "Teste di Morto" nel servizio attivo delle Waffen SS, trasferendoli sotto il comando diretto di Jüttner nell'SSFHA. Jüttner stesso si premunì poi di sciogliere i vari reparti delle SSTV che ancora svolgevano compiti d'occupazione o di riserva delle SSTK e che erano ancora controllate direttamente da Eicke. In settembre venne disciolto il battaglione d'addestramento ad Oranienburg mettendo in congedo gli uomini più anziani. Solo un mese più tardi Jüttner sciolse la compagnia motorizzata delle Totenkopf sul lago di Costanza trasferendone i soldati direttamente alla divisione di Eicke consolidandone così i reparti di rimpiazzo, altri soldati più anziani delle varie unità Totenkopf chiuse vennero trasferiti come guardie nei campi di concentramento.

Per interrompere l'influenza di Eicke sui campi di concentramento e sulle loro attività produttive, Jüttner estromise dal comando di questi campi molti degli uomini a lui fedeli, tramite trasferimenti o mediante procedimenti disciplinari. Per compensare la perdita del monopolio sui materiali stoccati nei vari campi Jüttner permise ad Eicke di mantenere il controllo diretto sui depositi di materiali del campo di Buchenwald. Naturalmente questo ad Eicke non poteva bastare, tanto che ad ottobre incaricò l'ufficiale amministrativo del campo di Buchenwald lo Sturmbannführer Weinhobel a lui fedele di recuperare, con un convoglio, una certa quantità di rifornimenti destinato

Soldati e ufficiali delle SS vengono trasportati in treno sul fronte orientale.

alle SSTK dal campo di Dachau. Sennonché Weinhobel venne arrestato e messo sotto corte marziale per espresso volere di Jüttner anche se aveva agito secondo gli ordini di Eicke. Dopo aver appreso la notizia Eicke cominciò a tempestare di lettere Wolff intercedendo per il suo subordinato e scrivendo anche a Jüttner dicendo che Weinhobel doveva essere rilasciato e piuttosto doveva essere incarcerato lui stesso visto che gli ordini di trafugare armi e scorte erano stati dati da lui. Jüttner fu irremovibile privando così il capo delle Totenkopfdivision di uno dei suoi ultimi e più brillanti protetti all'interno del sistema dei campi di concentramento.

Come consolazione a queste sconfitte Eicke riuscì a farsi sostituire l'ufficiale alle operazioni nella sua divisione il Brigadeführer Knoblauch che era considerato una spia di Himmler, il suo successore venne scelto da Eicke tra i suoi più fedeli collaboratori nella persona dello Sturmbannführer Heinz Lammerding comandante del battaglione genieri della SSTK, destinato ad una folgorante carriera negli anni successivi grazie alle sue doti di comando che lo avrebbero portato, qualche anno dopo, alla guida della 2° divisione delle SS Das Reich e, alla fine della guerra, come capo di stato maggiore nel Gruppo d'armate della Vistola comandato da Himmler.

Il periodo di calma tra la campagna d Francia e l'invasione della Russia venne impiegato per riorganizzare e rinforzare la Totenkopfdivision soprattutto per quel che riguardava i veicoli in modo da aumentarne la mobilità. Le difficoltà nell'approvvigionarsi dalla Wehrmacht impose l'utilizzo del materiale bellico catturato ai Francesi, in particolare modo di mezzi di trasporto come camion e auto Peugeot, Renault e Citroen e anche alcuni camion Ford di produzione americana.

Nell'intento di accrescere la potenza di fuoco vennero creati dei Kampfgruppen (gruppi di battaglia) intorno ai reggimenti motorizzati, cioè delle unità completamente indipendenti che potevano agire come piccole divisioni con reparti del genio e d'artiglieria aggregate. Eicke stesso prevedeva di andare in combattimento con la sua auto comando vicino la linea del fronte con uno dei tre Kampfgruppen.

Nella primavera del 1941 Eicke riuscì con l'aiuto di Himmler a rinforzare gli armamenti della divisione, tra cui una batteria di 4 pezzi degli ottimi cannoni antiaerei ad alta velocità da 88 mm, micidiali soprattutto contro le corazzature dei carri armati nemici. Vennero infine distribuiti 12 pezzi da 150 mm da tanto tempo attesi da Eicke che furono riuniti in un battaglione del reggimento d'artiglieria, mandando metà degli ufficiali d'artiglieria alla scuola dell'esercito di Juterbog. Eicke ebbe modo di ripagare l'interesse della Wehrmacht aiutando, con l'esperienza maturata nei reparti motorizzati la 3° e la 10° divisione di fanteria, nel processo di trasformazione in divisioni motorizzate.

Venne stabilito un programma d'addestramento molto serrato come era deciso dalla 7° armata cui Eicke apparteneva. Dopo la rinuncia all'operazione "Leone Marino" l'addestramento era portato avanti da Eicke sulla base di una possibile invasione del Portogallo e di Gibilterra, nel caso la Spagna fosse entrata in guerra a fianco dell'Asse, tanto da chiedere ad Himmler un ruolo di primo piano nelle operazioni nella penisola Iberica. Le esercitazioni che si susseguirono miravano a migliorare le tecniche nella costruzione di ponti nel battaglione del genio, mentre per la fanteria e il battaglione anticarro si esercitavano nel combattere formazioni corazzate a distanza ravvicinata, il comandante del 1° reggimento Max Simon sviluppò una serie di esercizi allo scopo di ridurre il tempo di spiegamento del reggimento dalla formazione di marcia in colonna alla formazione in battaglia nel più breve tempo possibile, inoltre si cercava di migliorare la coordinazione con l'aviazione così come era d'uso nella tecnica della guerra lampo. Le esercitazioni imposte dalla 7° armata di carico e scarico di battaglioni e reggimenti su e giù dai treni di uomini ed equipaggiamenti diede ad Eicke il sentore che la prossima campagna sarebbe stata lontana dalla zona Iberica.

Oltre all'addestramento militare classico proseguiva l'indottrinamento politico con lezioni di storia tedesca, geografia, chimica, fisica e biologia, addirittura venivano formati dei gruppi di discussione settimanali su questi argomenti. Inoltre furono distribuiti come guida delle discussioni due volumi realizzati per le SS, il primo identificava i nemici della Germania tra cui i soliti giudei, i comunisti, il liberismo, la massoneria e la chiesa, dandone motivazioni basate su autori nazionalsocialisti come Rosenberg (autore del "il mito del ventesimo secolo") e altri meno conosciuti. Il secondo volume riguardava la storia dell'Europa occidentale vista sempre secondo una concezione vicina all'ideologia nazionalsocialista, contraria ad un'ottica di continuo progresso delle civiltà, propria della storiografia delle società liberiste.

L'intensità dell'addestramento al combattimento aumentò nel mese di maggio del 1941 provocando ben tre morti che furono considerati un normale prezzo da pagare per ottenere una formazione d'élite.

Il 15 maggio tutte le licenze vennero sospese e, tutti quelli che lo erano ancora, dovevano rientrare entro il 20 maggio. Ormai il giorno dell'operazione Barbarossa si stava avvicinando e i soldati delle SS, pur non sapendo ancora quale sarebbe stato il loro prossimo obbiettivo, entrarono in fibrillazione. Il 23 maggio Eicke ricevette un telegramma segreto dalla 7° armata con l'ordine di preparare a muovere la divisione tramite ferrovia entro il 3 giugno verso una destinazione non specificata. Per aumentare la segretezza dell'operazione Eicke proibì qualunque contatto con la popolazione civile minacciando che chiunque avesse rivelato la partenza della divisione sarebbe stato fucilato su due piedi e venne proibita qualsiasi corrispondenza.

All'alba del 3 giugno 55 treni erano pronti a caricare uomini e mezzi per un lungo viaggio verso oriente. Venne proibito ai soldati di scendere dai vagoni se non in stazioni precedentemente isolate dai civili.

L'operazione di trasferimento si concluse senza incidenti il pomeriggio del 9 giugno quando vennero scaricati gli ultimi uomini della SSTK presso Marienwerder, in Prussia orientale a sud est di Danzica, dove avrebbe posto il quartier generale della divisione che da ora in avanti avrebbe fatto parte del Gruppo Armate Nord che si stava ammassando a ridosso dei paesi Baltici pronti a scattare all'attacco allo scadere dell'ora X.

Soldati della Totenkopf sfruttano un momento di pausa nella stazione di Bordeaux durante le operazioni di carico dei treni diretti in Prussia orientale in vista della programmata invasione dell'Unione Sovietica.

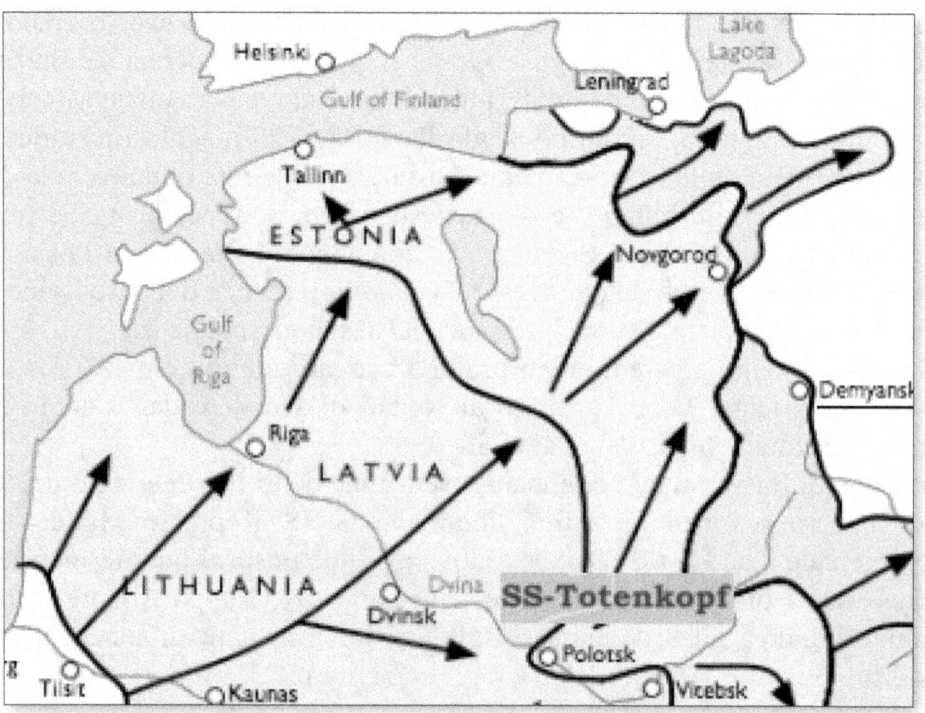
Mappa dell'avanzata tedesca in Russia dell'estate del 1941 nel settore settentrionale.

Theodor Eicke il capo della divisione SS Totenkopf a bordo di una kubelwagen

VII

Operazione Barbarossa

Per riportare la forza della divisione al livello precedente la campagna di Francia furono richiamati gli ultimi riservisti delle SS pari ad un numero superiore ai 900 uomini, distribuiti tra le varie unità divisionali tra il 12 e il 18 giugno del 1941, portando così la forza delle SSTK a 18754 uomini compresi i servizi.

Nella struttura e negli organigrammi la divisione non era cambiata rispetto a quella che aveva invaso la Francia nel maggio del '40 se si esclude l'adozione di una compagnia di fucilieri motociclisti sotto il comando di reggimento, rendendo ognuno dei tre reggimenti più indipendenti nella ricognizione nella filosofia dei Kampfgruppen, allineandosi così alle altre divisioni motorizzate dell'esercito. Vennero inoltre mantenute le due compagnie di motociclisti nel battaglione di ricognizione quando nelle altre divisioni motorizzate delle SS erano ridotte ad una sola compagnia.

Nell'ambito del Gruppo d'Armate Nord al comando del feldmaresciallo Wilhelm Ritter von Leeb, la Totenkopfdivision venne assegnata al 4° Gruppo Panzer del generale Erich Hoepner la maggior unità panzer del Gruppo Armate Nord, che avrebbe dovuto avanzare attraverso gli stati baltici, allora occupati dall'Armata Rossa, verso Leningrado ed era così composta: l'ala sinistra a nord era costituita dal 41° Panzer-Korps del generale Max Reinhardt con la 1° e 6° Panzer Division e la 36° divisione motorizzata. All'ala destra a sud vi era il 56° Panzer-Korps guidato dal famoso generale Erich von Manstein con la 8° Panzer Division, la 3° motorizzata e la 260° divisione di fanteria. Con grande disappunto di Eicke la SSTK venne assegnata di nuovo ad un compito di riserva dal generale Hoepner che ricordando la prestazione non particolarmente brillante in Francia, non la riteneva adatta ad un compito di primo piano nella prossima offensiva.

Il 14 giugno Eicke riunì i suoi comandanti di reggimento e di battaglione per illustrare gli obiettivi e i metodi da seguire nell'imminente campagna. Si fece notare che il conflitto era prima di tutto ideologico tra due mondi agli antipodi, era inoltre questione di vita di morte tra la società nazista e quella "giudaico-bolscevica", lo sconfitto in questo scontro ne sarebbe uscito totalmente annientato, perciò era necessario battersi in maniera risoluta e spietata, senza contare che i Russi non avevano firmato la

Convenzione di Ginevra per cui ci si aspettava una guerra di annientamento senza pietà, ben lontana da ciò che era accaduto nelle campagne precedenti. A tale merito vi era anche l'ordine di Hitler di eliminare su due piedi tutti i commissari politici catturati, ordine che riguardava non solo le formazioni delle SS ma valeva anche per la Wehrmacht. Questo modo d'intendere la guerra era comunque comune ai nemici Russi e presto, nelle prime fasi della guerra, i soldati tedeschi vennero a conoscenza del modo orribile in cui venivano uccisi i prigionieri tedeschi sia che appartenessero alla Wehrmacht che alle SS.

Macelleria da campo della divisione Totenkopf. I soldati addetti alla logistica e ai vari servizi divisionali verranno duramente impiegati nei combattimenti contro i Russi nei momenti più critici delle varie battaglie

Sidecar con in evidenza il simbolo della Totenkopf durante l'avanzata in Russia nell'estate del 1941.

All'alba del 21 giugno le formazioni della SSTK si trovavano ben mimetizzate nelle folte foreste della Prussia orientale al confine con il territorio sovietico. Senza che i Russi ne avessero il minimo sospetto le SS passarono in tranquillità l'ultimo giorno di pace, non immaginando che la divisione sarebbe stata impiegata esclusivamente sul fronte orientale per i prossimi quattro anni.

Alle tre del mattino del 22 giugno venne letto un proclama di Hitler alle truppe poi alle 3:30 dal Baltico ai Carpazzi con violenza inaudita le forze dell'asse sferrarono l'attacco all'unisono.

All'attacco oltre al Gruppo Armate Nord di von Leeb i Tedeschi avevano il Gruppo Armate Centro del maresciallo Fedor von Bock suddiviso in due gruppi panzer (Panzer-Korps) e due armate di fanteria, il Gruppo Armate Sud al comando del maresciallo Gerd von Rundstedt con quattro armate e un gruppo panzer più un'armata Rumena.

Le forze corazzate e meccanizzate erano state incrementate rispetto l'anno precedente in Francia, lo scopo era quello di agganciare e distruggere il nemico prima che questi si ritirasse consentendogli di riorganizzare le proprie forze grazie alla vastità del suo territorio che già Napoleone e Carlo XII di Svezia prima avevano sperimentato con esiti infausti. La tecnica tedesca per evitare la loro stessa sorte era detta Schwerpunkt, basata sulla velocità dei mezzi corazzati, prevedeva l'apertura di brecce da parte dei

Un'altra motocicletta della Totenkopf nell'estate del '41 alle prese col terribile fango russo...

panzer nelle schiere nemiche, sarebbe spettato poi alle fanterie allargare la breccia e circondare i centri di resistenza avversari lasciando i carri liberi di avanzare ulteriormente. Infine si sarebbe circondato il nemico in vaste sacche creando i presupposti per grandi battaglie d'annientamento. Lo scopo finale era la distruzione totale dell'armata rossa.
L'obiettivo principale delle armate di von Leeb era Leningrado, a tale incarico vi era assegnato il Gruppo Panzer di Hoepner che includeva la SSTK come riserva, al suo fianco sinistro, poco più a nord vi era la 18° armata di fanteria del generale Georg von Küchler con l'obiettivo di occupare i paesi baltici, mentre al fianco destro con il compito di proteggere il fianco di Hoepner vi era la 16° armata di Ernst Busch che aveva anche il compito di mantenere i contatti con il Gruppo Armate Centro.
Il primo giorno di avanzata su Leningrado portò il 4° Panzer-Korps di Hoepner già ad 80 km in territorio Sovietico e alla fine della giornata del 26 il 56° Panzer-Korps di Manstein aveva già raggiunto la città di Dvinsk incontrando scarsa resistenza catturando intatti i vitali ponti sulla Dvina, costituendo delle teste di ponte che favorirono enormemente l'avanzata delle truppe tedesche, incuneandosi profondamente in territorio russo e gettando nella più nera crisi la Stavka, come si chiamava il comando supremo russo fin dai tempi degli zar, che già nel settore nord, i Russi, avevano perso la 3° e l'8° Armata, cedendo anche il controllo dei paesi baltici e tutto in quattro giorni.
La sorpresa sui comandi sovietici era stata totale e in quelle prime giornate sembrava che la riedizione del blitzkrieg dovesse portare ad un nuovo clamoroso successo. La velocità d'avanzata del 56° Panzer-Korps rispetto alla più lenta 16° Armata di fanteria

aveva però aperto un pericoloso varco tra le due formazioni. Per ricreare i collegamenti tra le due armate Manstein col consenso del suo superiore Leeb decise di portare in linea la SS Totenkopfdivision e la 269° divisione di fanteria, entrambe attinte dalle sue riserve.

Eicke ricevette l'ordine di avanzata la notte tra il 24 e il 25 giugno e di riempire il vuoto tra le due armate. La divisione avanzò tra le fitte foreste lituane incontrando solo sbandati dell'armata rossa, procedendo a fatica, districandosi nel traffico militare verso Dvinsk dove doveva attraversare il fiume Dvina per il 29.

Il primo vero scontro con le forze russe che, ormai si erano riprese dal disorientamento iniziale, si ebbe il 27 quando il battaglione di ricognizione dovette respingere una serie di contrattacchi suicidi che impressionò molto le SS che, anche se non ebbero perdite, furono scosse dalla determinazione dei Russi. Il giorno dopo anche il 1° reggimento di Max Simon ebbe a fronteggiare analoghi attacchi suicidi cui i soldati tedeschi reagirono con sentimenti misti di rabbia e paura non riuscendo a capacitarsi del perché di questo comportamento disperato di questi soldati ormai tagliati fuori dalle proprie linee, Simon in reazione a ciò ordinò che tutti gli sbandati erano "banditi" e andavano passati per le armi, comportamento che venne subito adottato da tutte le SSTK.

Nel frattempo la divisione di Eicke venne assegnata al 56° Panzer-Korps di Manstein che intanto aspettava l'avanzata verso Dvinsk della SSTK per poter essere in grado di riprendere essa stessa la propria avanzata con il fianco sinistro coperto. Durante questa avanzata la Totenkopfdivision venne attaccata dall'aviazione sovietica, in un momento che i caccia della luftwaffe erano assenti per rifornirsi, provocando i primi caduti nella divisione.

Una volta che la SSTK ebbe attraversato la Dvina il 56° Panzer-Korps riprese la sua avanzata mentre il resto delle unità panzer di Leeb si impegnavano a distruggere le unità russe isolate sul confine russo-lituano. La SSTK proseguì la sua avanzata ponendosi sul fianco destro del 56° Panzer-Korps e il fianco sinistro della 16° armata posta poco più indietro. Il terreno attraversato era caratterizzato da fitte foreste e da numerosi laghi sparsi con strade strette ed impervie che rendevano difficili le operazioni per una forza motorizzata.

Il 2 luglio il reggimento di Simon conquistava la cittadella di Kraslau mentre il 3° reggimento catturava grandi quantità di carburante e munizioni abbandonate dai Russi in fuga. Lo stesso giorno però i sopravvissuti della 42° divisione fucilieri sovietica pose un imboscata al reggimento di Max Simon nel villaggio di Dagda bloccando il battaglione di testa nel quale vi furono una decina di morti e un centinaio di feriti. Durante quella stessa notte i sovietici lanciarono una grande offensiva nel settore della SSTK con l'impiego di carri armati e artiglieria costringendo la divisione SS a bloccarsi fino al pomeriggio del tre quando aerei d'attacco della Luftwaffe distrussero le artiglierie nemiche, permettendo, così, ad Eicke di rioccupare il villaggio di Dagda, mentre i sovietici si ritiravano verso la linea fortificata Stalin coperti da un violento fuoco di sbarramento delle loro artiglierie.

L'avanzata riprese per le SS la mattina del quattro dopo la seconda notte passata combattendo, lungo le strade percorse dai Tedeschi i numerosi relitti dell'esercito nemico facevano credere ad un vicino collasso delle armate di Stalin. Dopo una breve pausa il 5 luglio, il giorno dopo all'alba, le forze tedesche attaccarono le fortificazioni della Linea Stalin, Eicke doveva avanzare verso la città di Opochka che rappresentava la propaggine meridionale del sistema di fortificazioni russo, una volta a Opochka la SSTK avrebbe dovuto proseguire verso est in modo da tagliare ogni via di ritirata ai sovietici che si difendevano sulla Linea Stalin.

Le previsioni di Eicke di passare facilmente Opochka si rivelarono errate, trovandosi davanti una serie di bunker in cemento armato, nidi di mitragliatrici e casematte ben mimetizzate con trincee ed estesi campi minati. L'avanzata delle truppe d'assalto iniziò con un forte tiro di preparazione, poi reparti di genieri e di fanteria dovettero distruggere ogni bunker con lanciafiamme, cariche ad alto potenziale o semplici bombe a mano costringendo i soldati anche a duri combattimenti corpo a corpo tra un bunker e l'altro, incuneandosi lentamente nel sistema fortificato sovietico con la perdita di 50 morti e 160 feriti. Eicke stesso fu ferito gravemente con il suo autista a causa di una mina anticarro su cui finì con la sua auto comando mentre tornava dalla linea del fronte verso il suo posto di comando divisionale alla mezzanotte del 6 luglio. Eicke venne ferito alla gamba destra che lo costrinse ad una lunga riabilitazione lasciandolo per qualche mese lontano dal comando della sua divisione che venne assunto nell'immediato, per volere dello stesso Eicke, dal comandante del 3° reggimento Matthias Kleinheisterkamp.

Al calar della notte i genieri avevano completato un primo ponte sul fiume Velikaya ma il ritardo sul piano progettato rendeva ormai difficile l'ipotesi di circondare la linea difensiva sovietica. A stancare ancora di più le SS dopo una giornata difficile si ebbe quella stessa notte un violento contrattacco della fanteria sovietica che si protrasse fino all'11 luglio, quando, in un ultimo disperato tentativo, mandarono all'attacco le ultime riserve rifornite di abbondanti razioni di vodka e spronati dalle minacce dei commissari politici.

Nel caldo di quei giorni di luglio lo scontro raggiunse livelli di ferocia impressionanti, spesso descritti dai soldati tedeschi, come quello raccontato da un Obersturmführer di una compagnia radio che descrisse lo scontro di reparti meccanizzati prima sotto un sole cocente poi sovrastati da masse di cumulonembi che riversarono sui due contendenti temporali torrenziali che non interruppero però i combattimenti. Un'altro episodio raccontato riguardò il ritrovamento al margine della foresta del corpo di un giovane ufficiale delle SSTK circondato da quattro soldati russi uccisi, l'ufficiale trovatosi da solo circondato da molti nemici aveva continuato a combattere malgrado fosse colpito da molti colpi sparati a distanza ravvicinata, così come era testimoniato dalla polvere da sparo sui larghi fori trovati sulla sua giacca mimetica, egli piuttosto che cadere prigioniero aveva poi preferito uccidersi.

I combattimenti si susseguirono a colpi di lanciafiamme, granate, imboscate di cecchini o con la baionetta all'interno dei bunker. Le SS fecero l'esperienza per la prima volta di un attacco con numerosi e potenti carri russi come il KV II di 55 tonnellate dotato di un cannone corto di 152 mm che all'inizio impaurì molto i soldati tedeschi ma presto gli artiglieri impararono a colpire i cingoli immobilizzando così il grande KV II lasciandolo poi alla mercé della fanteria.

In questi scontri il giorno otto venne ferito leggermente Max Simon e più gravemente il comandante del battaglione di ricognizione Walter Bestmann.

Il culmine per la conquista di Opochka venne raggiunto il giorno 10 quando un violento bombardamento d'artiglieria e della Luftwaffe distrusse le forze difensive superstiti permettendo alle SSTK di entrare in città il giorno dopo insieme alla 30° divisione di fanteria della 16° armata che si era affiancata nei combattimenti sul fianco destro delle SS. Il bilancio fornito a Himmler dalla SSTK delle perdite nei primi giorni della campagna di Russia e in particolare per la cattura di Opochka era di 82 ufficiali e 1626 tra soldati e sottufficiali uccisi, feriti o dispersi, tra cui lo stesso Eicke, rappresentando quasi il 10% della forza divisionale, particolarmente gravi furono le perdite subite dal 1° e dal 3° reggimento. Queste forti perdite, doppie rispetto alle altre divisioni del 56° Panzer-Korps, commisurate ai modesti risultati attirarono la critica degli ufficiali dell'esercito in comando, in particolare del generale Manstein. Quando però lo stesso Manstein venne messo al corrente sui dettagli della battaglia ritirò le sue critiche riconoscendo il valore della divisione.

Pezzo d'artiglieria controcarro da 37 mm della Totenkopf in avanzata.

Una volta spazzata via la resistenza della Linea Stalin, Manstein, fu libero di proseguire la sua avanzata verso nord est su Novgorod seguendo la strada principale lungo la sponda nord del lago Ilmen. La Totenkopfdivision venne tolta dal 56° Panzer-Korps con grande dispiacere di Manstein e riportata in riserva nell'area Porkhov, dove passò un periodo di relativa calma se si escludono alcuni rastrellamenti nelle zone boscose dei dintorni. Questo fu l'ultimo periodo di calma delle SSTK che verranno, poi, impiegate per un anno consecutivo in continue battaglie e che porteranno l'unità al quasi totale annientamento. Nel frattempo l'avanzata su Nogorod del 56° Panzer-Korps venne messa in crisi, anche se non bloccata, quando l'8° Panzer Division e la 3°divisione motorizzata tentarono di attraversare il fiume Mshaga all'altezza del villaggio di Zoltsy il 15 luglio, la 180° divisione fucilieri e la 220° di fanteria sovietica attaccarono rispettivamente il fianco destro e le spalle di Manstein tagliando le linee di comunicazione e i collegamenti del Panzer-Korps con le retrovie.

Soldati della Totenkopf in una pausa degli scontri.

A questo punto, il 17 luglio, il comandante della 4° Armata Panzer Hoepner ordinò alla Totenkopfdivision di ristabilire i collegamenti e di riunirsi al 56° corpo di Manstein cosa che puntualmente avvenne attaccando lungo la strada Dno-Zoltsy, cacciando la fanteria russa a sud est e mandando un battaglione per aiutare la 3° motorizzata a respingere i continui assalti di fanteria che si protrassero nella notte tra il 17-18 luglio. Il 18 Manstein ordinò alle SS di coprire il fianco destro nell'avanzata sostituendo l'8° Panzer Division ormai esausta.

Soldati della SSTK immortalati alla fine di un duro combattimento. La SS in primo piano esibisce la mostrina di distruzione di un carro armato nemico eseguita personalmente.

In quegli stessi giorni il comando della divisone venne affidato da Himmler al Brigadeführer Georg Keppler, un vecchio ufficiale delle SS che durante la campagna di Francia aveva guidato il reggimento Der Führer della divisione SS Das Reich.

Il suo primo incarico fu quello di proteggere il fianco di Manstein, avanzando verso nord su un terreno difficile coperto di foreste e ricco di paludi e fiumi d'attraversare con strade piccole e poco adatte ai mezzi meccanici, in più vi era una grave penuria nella disponibilità di mappe precise della zona. Su questo terreno i dispersi delle armate russe annientate precedentemente ebbero modo di riorganizzarsi mettendo in risalto le loro capacità tattiche migliori quali il combattimento in ordine chiuso, l'estrema adattabilità, il mimetismo e le tecniche d'imboscata di cui spesso ne facevano le spese i servizi logistici piuttosto che le unità di prima linea. I cecchini erano soprattutto un problema, essi lasciavano passare il grosso delle truppe tedesche rimanendo nascosti nel folto della foresta per poi colpire motociclisti isolati o le colonne dei rifornimenti e perfino i mezzi della croce rossa. Colpire gli ufficiali di un certo rango era però il loro obbiettivo principale.

Per risolvere questa situazione venne ordinato ai soldati tedeschi di avanzare ai lati del bosco rastrellandoli e cosa strana vi era anche l'ordine di distruggere tutte le bottiglie trovate in modo da impedire ai Russi di confezionare dei cocktail a base di benzina.

Le principali forze sovietiche si erano intanto ritirate ancora di più verso nord est, in un nuovo sistema difensivo, posto al di là del fiume Mshaga, fortemente fortificato dal lavoro dei civili precettati per l'occasione. Questo sistema fortificato era detto linea Luga, raggiungeva il golfo di Finlandia ed era l'ultima barriera per difendere Leningrado. Con l'ordine per lo sfondamento di questa linea, la SSTK, venne assegnata al 28° corpo d'armata del generale Herbert Wiktorin che consisteva oltre alla SSTK della 121° e 122° divisione di fanteria che avrebbe attaccato alla destra di Manstein sulla parte più ad est della linea Luga sull'omonimo fiume Luga. I soldati delle SS non furono molto soddisfatte del trasferimento sotto un altro comando poiché riconoscevano e apprezzavano le doti di comando di Manstein e anche il nuovo comandante Keppler protestò contro il trasferimento in modo molto duro.

Il giorno dell'offensiva la divisione era già molto provata negli uomini e nei mezzi durante l'attraversamento delle paludi, così come Lammering scrisse in una lettera ad Eicke dell'8 agosto, continuando con una critica ai comandi dell'esercito che, secondo lui, affidavano alla SSTK compiti non realistici, considerando le armate russe già battute. L'attacco alla linea Luga venne lanciato il 10 agosto con un ritardo di quattro giorni causato dalla lentezza dei servizi logistici e di due ulteriori giorni nel settore delle SSTK a causa di violenti nubifragi in quel settore, ritardo che fornì ai Russi altro tempo per fortificarsi. I Russi in quel periodo riuscirono ad inserirsi sulle linee telefoniche tedesche e ad intercettare i messaggi radio nemici, che probabilmente erano in chiaro, permettendo alla Stavka di conoscere i punti deboli dei Tedeschi e lanciare così in quelle zone un contrattaccò con l'aiuto di artiglieria e mortai. Le SSTK si trovarono a fronteggiare nello stesso momento la minaccia dei partigiani alle spalle in più erano

ancora privi della copertura dell'artiglieria, rimasta ancora a districarsi tra le paludi.
Le forze tedesche andarono all'assalto alle 4:30 del mattino del 10. La Luftwaffe con gli stuka intervenne contro la 237° divisione sovietica lì dislocata con altri reparti minori, decisi a resistere fino alla morte nelle loro posizioni, cosa che puntualmente avvenne quando le fanterie SS, usando lanciafiamme e granate a mano, stanarono i soldati russi dai vari bunker. Quando il battaglione del genio permise di attraversare il Luga e stabilire la testa di ponte, i Russi, confortati da razioni supplementari di vodka, sferrarono contrattacchi suicidi per tutta la notte nel tentativo di spazzare via le trincee tedesche a nord del fiume Luga ma vennero respinte a prezzo di forti perdite. Lo scontro durò fino all'alba quando ogni attacco cessò.

I giorni successivi si svolsero in maniera simile con le SS che attaccavano di giorno e respingevano i contrattacchi di notte. Il 13 agosto Wiktorin ordinò a Keppler di avanzare verso nord est in modo da proteggere il fianco del 28° Corpo d'Armata che stava attraversando la linea Luga continuando contemporaneamente a respingere i numerosi contrattacchi mentre la 121° e 122° divisione proseguivano l'inseguimento dei sovietici verso nord.

Questi ordini furono considerati da Keppler e Lammering come la prova che la SSTK veniva destinata ai compiti più difficili senza riguardo e protestarono con Wiktorin

L' Obergruppenführer Georg Keppler, comandante della divisione Totenkopf per un breve periodo del 1941, durante la convalescenza di Eicke.

soprattutto per la mancanza di coordinamento con la Luftwaffe che aveva mitragliato per errore le posizioni SS a cui erano state assegnate per ordine del 28° Corpo d'Armata. La linea Luga era stata spazzata via ma il comando sovietico del fronte nord ovest del maresciallo Klementi Voroshilov aveva avuto il tempo di organizzare nella zona di Novgorod la 34° Armata costituita da otto divisioni di fanteria e un corpo d'armata di cavalleria, ad essi venne affidato il compito di avanzare verso sud est in modo da minacciare il fianco sinistro del Gruppo d'Armate Nord, in particolare la 16° armata di Busch nella zona di Staraya Russa. Questa minaccia, che si concretizzò per il giorno 14 agosto, il maresciallo Leeb la fronteggiò spostando il 56° Panzer-Korps e la SSTK in quel settore per soccorrere il 10° corpo d'armata su cui era diretto l'attacco sovietico. Keppler impiegò due giorni a sganciarsi dalla zona di Mshaga a causa di una serie di contrattacchi russi e dello scarso coordinamento con le altre divisioni di Wiktorin, per poi concentrarsi a Dno in attesa di Manstein e delle sue forze.

Manstein in questa situazione delicata decise di sfruttare la mobilità delle forze motorizzate di cui era in possesso, cioè della SSTK e della 3° divisione motorizzata, il cui compito sarebbe stato quello di attaccare il fianco sinistro della 34° armata che il giorno 17 agosto aveva lanciato il suo attacco in direzione nord partendo da Novgorod passando a est di Dno esponendo così il proprio fianco.

Manstein non lanciò subito il suo attacco ma aspettò che le forze sovietiche si impegnassero frontalmente con il 10° corpo d'armata. Alle 7:00 di mattina del 19 il contrattacco venne lanciato dalle due divisioni motorizzate che attaccarono con tutte le loro forze lasciando a Dno i veicoli e le unità di supporto non necessari, grazie alla loro velocità colsero di sorpresa i Russi ed in breve tempo isolarono la 34° armata, già nel pomeriggio dello stesso giorno la SSTK aveva catturato 785 prigionieri, 10 carri armati intatti, 9 cannoni anticarro, 6 mortai pesanti, 50 automobili, numerosi cavalli e svariate altre armi e munizioni, questa era la prima grande vittoria che la SS Totenkopfdivision otteneva sul fronte russo dall'inizio della campagna. Per evitare la ritirata dell'armata nemica ormai battuta Manstein ordinò alla SSTK di avanzare durante la notte verso il fiume Polist a sud del lago Ilmen senza curarsi di un attacco ai propri fianchi, allo scopo di tagliare la via di fuga alle divisioni nemiche. La divisione Totenkopf avanzava come uno schiacciasassi con il battaglione di ricognizione in testa e due reggimenti di fanteria per ogni lato, distruggendo tutto ciò che trovava davanti e già il 20 ogni resistenza della 34° armata era cessata con 8 delle sue divisioni distrutte, la SSTK poté catturare numerosi altri prigionieri, armi ed equipaggiamento.

L'alba del 21 vide le due divisioni motorizzate di Manstein impegnate nella distruzione a colpi di mitragliatrice d'intere compagnie e battaglioni russi che cercavano disperatamente una via di fuga, annientando con esplosivi ogni centro di resistenza o edificio sospetto che trovavano sul loro percorso catturando più uomini e materiale di quanto ne avevano catturato durante la campagna di Francia.

Nel pomeriggio del 21 Manstein andò personalmente al comando delle SSTK dove si complimentò personalmente con Keppler per il suo importante ruolo avuto nella

Immagine dell'SS Fritz Christen.

Pausa rancio nei trinceramenti lungo il fronte orientale.

battaglia. Tuttavia l'annientamento dell'armata sovietica che permise a Leeb di riprendere la sua corsa verso Leningrado, fece perdere alle armate tedesche cinque giorni preziosi che i sovietici sfruttarono per consolidare le loro difese soprattutto nella zona di Leningrado, avendo il tempo di portare nella zona del lago Ilmen tre nuove armate, tutto grazie al sacrificio della 34° armata, ristabilendo la superiorità numerica sovietica nei confronti dei Tedeschi che cominciavano ad avere grosse difficoltà nel riempire i loro vuoti con nuovi rimpiazzi soprattutto per quanto riguardava gli ufficiali. Per prevenire eventuali contrattacchi russi il 22 agosto Manstein mantenne la SSTK all'offensiva catturando altri gruppi di Russi sparpagliati impedendone così un pericoloso raggruppamento. Nel tentativo di attraversare il fiume Lovat la SSTK e la 3° motorizzata trovò i Russi trincerati sulla sponda est. L'intensa attività dell'aviazione sovietica, che approfittando dell'impegno dei caccia tedeschi nella zona più a nord di Leningrado, impedì ai Tedeschi ogni raggruppamento e li costrinse a prendere copertura nei boschi sulla sponda occidentale del fiume, lasciando alla flak il compito di contrastare l'aviazione russa che alla fine della giornata riuscì ad abbattere cinque velivoli russi. Nella mattina del 27 agosto il riapparire della Luftwaffe permise alla SSTK di riprendere l'avanzata sul fiume Pola, raggiunto dal battaglione di ricognizione all'altezza del villaggio di Vasilyevschina.

Il tentativo di attraversare il fiume grazie a diverse teste di ponte, venne bloccato, prima da violenti e continui nubifragi che resero alle stanche truppe impraticabile il terreno boscoso, poi da limitati contrattacchi sovietici che si susseguirono per tutto il giorno 28 sulla sponda occidentale del fiume. A questo punto Keppler protestò con Manstein facendogli notare le condizioni di spossatezza in cui versavano i soldati e che nonostante i successi ottenuti, la divisione aveva già perso 4854 uomini senza ricevere adeguati rimpiazzi. Manstein si trovò d'accordo con Keppler e promise di ritirare la SSTK per un periodo di riposo appena possibile. Intanto le SS si presero un po' di tregua nei boschi sul fiume Pola grazie alla pioggia insistente che bloccava ogni attività.

I sovietici conservavano ancora alcune teste di ponte sull'altro lato del fiume Pola che i Tedeschi non erano riusciti a distruggere, grazie anche al corso meandriforme del fiume. Proprio da queste zone i Russi lanciarono un attacco la mattina del giorno 30 contro le posizioni delle SSTK e della 3° motorizzata che difesero le loro posizioni sparse nelle foreste ai lati del fiume Pola. Quando l'ultimo attacco di fanteria venne respinto nel tardo pomeriggio le artiglierie sovietiche cominciarono a martellare le posizioni tedesche fino alla mattina successiva quando le forze sovietiche rinnovarono un nuovo attacco in forze. Questa volta con la fanteria i Russi fecero attraversare il fiume a molti carri armati KV II che andarono ad attaccare il 3° reggimento della Totenkopfdivision comandato da Kleinheisterkamp. Le SS ormai avevano imparato a fermare questi colossi equipaggiati con il potente cannone da 152 mm a canna corta, prima venivano bloccati colpendo i loro cingoli con le artiglierie o con mine poi un solo assaltatore, il più delle volte un ufficiale, si lanciava sul carro e posizionava una carica ad alto potenziale tra lo scafo e la torretta o infilava una granata nella bocca del cannone, in ogni caso il carro e i suoi occupanti venivano eliminati. Al mattino le SS sventarono un tentativo di isolare il primo battaglione del 3° reggimento delle SSTK sotto una pioggia battente che rese il combattimento ancora più gravoso, grazie all'iniziativa di singoli ufficiali che si esposero, senza tregua, i sovietici vennero respinti con la perdita di tutti i loro carri.

Dopo questa battaglia i Russi si accontentarono di bombardare i Tedeschi con la loro artiglieria posta nelle loro teste di ponte per alcuni giorni che, per le SSTK, furono di relativa calma poiché il continuo mal tempo ritardava ogni ulteriore avanzata. La pioggia che continuava a cadere fin dalla fine d'agosto diede una tregua il 4 settembre permettendo a Manstein un nuovo tentativo di attraversamento del fiume Pola. I genieri della SSTK impiegarono tutta la manodopera dei villaggi vicini costringendo molti civili ad abbattere numerosi alberi delle foreste di quelle zone per poter essere impiegati nella costruzione dei ponti che sarebbero poi stati realizzati sul Pola.

La mattina del 5 settembre il sole era tornato a splendere e le prime unità del 3° reggimento attraversarono il fiume Pola a Romanovo stabilendo una testa di ponte che venne poi rafforzata nel pomeriggio dal 503° reggimento di fanteria sloggiando i Russi che si erano trincerati nelle dense foreste sulle rive del fiume.

Gli elementi atmosferici però congiurarono a danno di Manstein ancora una volta, quando la stessa notte del cinque ricominciò a piovere rendendo impraticabili le strade e, sempre di notte, le urlanti fanterie sovietiche tornarono all'attacco seguite, la mattina successiva, dagli attacchi dal cielo che bloccarono ogni tentativo di ampliare la testa di ponte. La pressione sulle SS diminuì quando la 3° motorizzata costituì un'altra testa di ponte e con il cessare della pioggia, il sette, il fiume Pola poteva considerarsi attraversato, tanto che Manstein ordinò una nuova avanzata per l'otto cosa che fecero anche i suoi vicini, mentre i sovietici privi di appigli su cui resistere si ritirarono ancora una volta ma, allo scopo di ritardare ulteriormente l'avanzata tedesca, crearono vasti campi minati nella zona, questo costrinse i genieri della SSTK ad avanzare in testa alla divisione per creare dei corridoi attraversabili in sicurezza. Malgrado ciò molte furono le vittime delle mine soprattutto in termini di mezzi di trasporto, anche l'aviazione russa approfittò degli assembramenti di mezzi per attaccare le SS a volo radente, approfittando della mancanza di copertura aerea della Luftwaffe che si era concentrata più a nord nella zona di Leningrado.

Nella loro avanzata i Tedeschi ebbero modo di catturare di nuovo molti prigionieri e materiali abbandonati dall'esercito dell'Armata Rossa in ritirata e ancora una volta si pensò allo sbandamento finale dei sovietici e di una loro prossima fine, che molti ritenevano inevitabile prima dell'inizio dell'inverno.

Nella zona di Demjansk l'avanzata del 56° corpo si fermò il 12 settembre quando si trovò davanti nuove linee fortificate nemiche e a rinnovati contrattacchi da parte di forze fresche russe, inoltre la stanchezza della continua avanzata e dei combattimenti ininterrotti si faceva ormai sentire. Leeb ordinò quindi a Manstein di porsi sulla difensiva per coprire il fianco delle truppe impegnate più a nord nell'avanzata su Leningrado e di respingere gli attacchi sovietici, cosa che le due unità motorizzate di Manstein fecero, stabilizzando la linea del fronte sulla strada che da Demjansk va a Staraya Russa.

Dal 15 settembre i soldati della SSTK cominciarono a trincerarsi costruendo bunker e nidi di mitragliatrici sfruttando anche le rovine dei villaggi distrutti, a volte questi lavori dovevano essere interrotti al comparire dell'aviazione nemica che spesso si presentava con formazioni massicce di aerei d'attacco. Lo schieramento tedesco sul Pola presentava ancora degli elementi di rischio visto che i Russi vi mantenevano ancora alcune teste di ponte.

Il 19 settembre i lavori di trinceramento vennero molestati da un forte tiro d'artiglieria che spesso colpiva i posti d'osservazione avanzati e spianava le spesse foreste di quella zona. Al calar della sera di quel giorno i sovietici lanciarono furiosi assalti di fanteria questa volta guidati dagli stessi commissari politici che quando venivano catturati vivi venivano passati per le armi su due piedi. L'attacco sorprese gli uomini delle SS e della 3° divisione motorizzata con le opere difensive ancora incomplete e solo con grande difficoltà riuscirono a respingere l'assalto che terminò per mezzanotte quando sui morti e feriti si distese un silenzio irreale e una densa foschia salì dal lago avvolgendo i contendenti concludendo così di forza la battaglia notturna.

Dopo questo scontro notturno la calma nel settore della Totenkopf regnò per alcuni giorni consentendo alle SS di terminare le loro posizioni difensive ed attendere gli avvenimenti futuri.

Il morale dei soldati delle SS era comunque alto, certi che presto l'esercito sovietico si sarebbe sgretolato sotto il peso delle recenti sconfitte. Il 21 settembre il ritorno di una loro vecchia conoscenza aumentò ancora di più il morale dei soldati. Eicke Il loro vecchio comandante, aveva ripreso il comando attivo della divisione mentre Keppler venne reso disponibile per altri incarichi.

Eicke aiutandosi con un bastone ispezionò i suoi reparti trovando gli uomini in condizioni fisiche pietose, emaciati e con i vestiti a brandelli. Estremamente preoccupato Eicke scrisse subito a Karl Wolff una lettera di proteste richiedendo l'immediato ritiro della divisione per un periodo di riposo e riorganizzazione, inoltre richiese fermamente che Jüttner riassegnasse i sottufficiali della Totenkopfdivision di nuovo alla propria divisione in quanto durante i primi mesi dell'invasione della Russia erano stati affidati ad altri incarichi, dopo essere stati mandati in licenza o in convalescenza. Probabilmente nella lettera Eicke esagerava le condizioni dei suoi uomini ma era realmente preoccupato sulla sorte della propria divisione che aveva creato con tanta fatica, soprattutto lo impensierivano i vari rapporti ricevuti durante la sua convalescenza che accusavano l'esercito di impiegare la SSTK nei compiti più pericolosi senza tanti scrupoli.

Il problema della perdita di molti ufficiali e sottufficiali durante le prime fasi della campagna era però particolarmente serio, dato che Jüttner, approfittando dell'assenza d'Eicke, aveva mandato dei rimpiazzi insufficienti nel numero e di scarsa qualità. Eicke nel riprendere il comando risolse questa situazione grazie al suo modo di fare deciso e aggressivo mandando lettere a tutti quelli che potevano aiutarlo. Jüttner per far fronte alla situazione sciolse le ultime standarte della Totenkopf ancora esistenti nell'Europa occupata, inviandone gli uomini ad Eicke. Anche la situazione d'armi ed equipaggiamenti tornò a migliorare sotto il comando deciso d'Eicke ma cosa più importante tornò ad infondere ai suoi uomini fanatismo, senso di sacrificio e sentimento di superiorità di fronte al nemico, che presto sarebbe tornato utile nel superare le ardue prove che attendevano le SSTK.

Un soldato delle SS approfitta di una pausa nei combattimenti per scrivere a casa.

Foto autografa dell'SS-Sturmbannführer Georg Bochmann del reggimento panzer.

L'SS-Obersturmbannführer Dottor Eduard Deisenhofer, decorato di Ritterkreuz durante il suo servizio nella Totenkopf nel 1942.

Portaritratto di un soldato della Totenkopf.

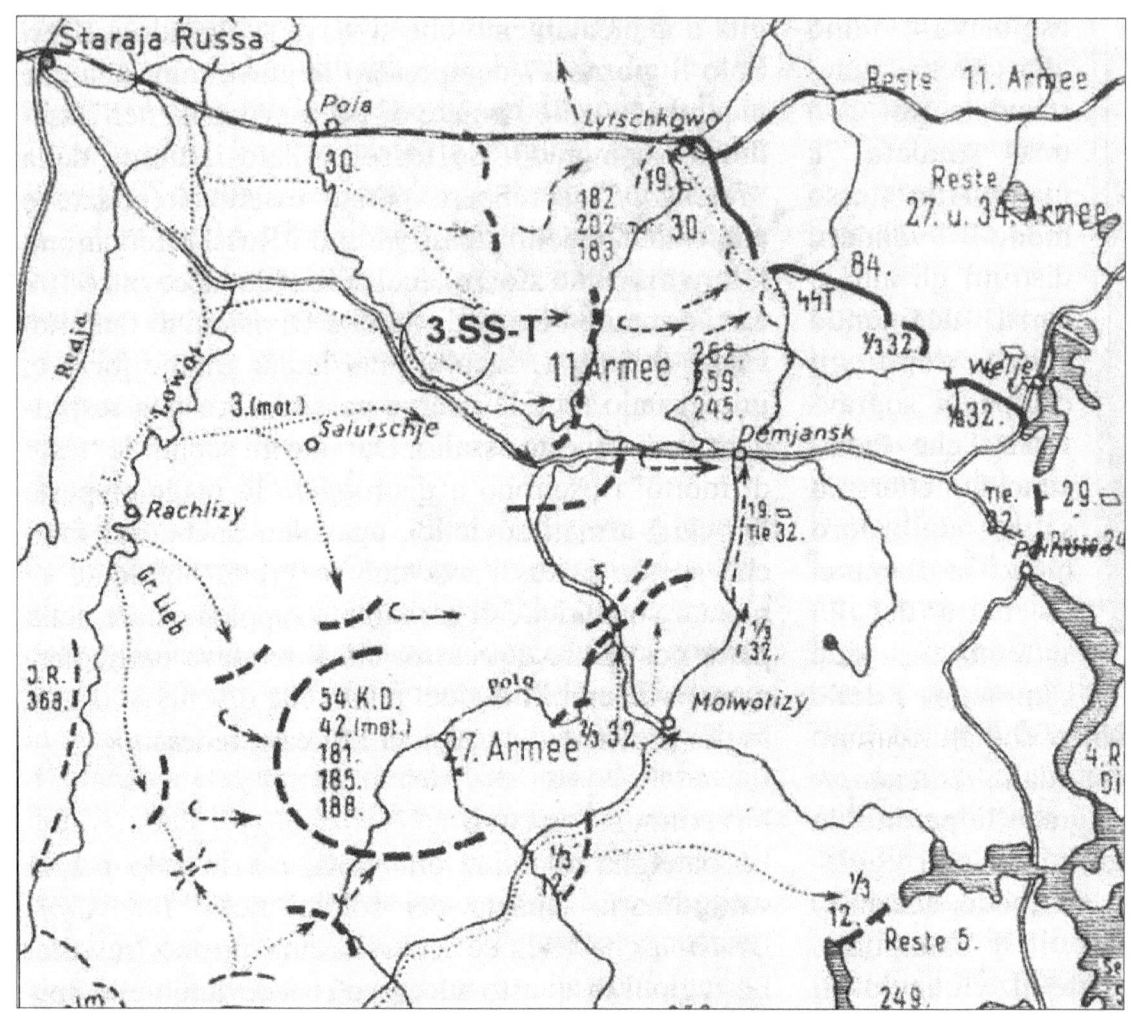

Battaglia di Lushno. Situazione del 15 settembre 1941.

VIII

La battaglia di Lushno

Il 23 settembre, dopo un intenso bombardamento durato tutta la mattina, i sovietici attaccarono le linee tedesche nel tentativo di verificarne i punti deboli, in particolare l'interesse dei Russi si concentrò nell'area boscosa nei pressi del villaggio di Lushno presidiato dal 2° battaglione del 3° reggimento di Kleinheisterkamp. Durante questi scontri furono fatti due prigionieri, disertori russi, che interrogati affermarono che l'attacco principale sarebbe avvenuto a mezzogiorno del giorno dopo con l'obiettivo di spezzare il fronte tedesco a sud del lago Ilmen in modo da portarsi alle spalle delle armate che assediavano Leningrado.

La notte tra il 23 e il 24 fu relativamente calma ma, per la prima volta, la temperatura scese sotto lo zero brinando il terreno.

Al mezzogiorno del 24 settembre le rivelazione dei due disertori russi si avverarono quando una valanga di Russi vennero lanciati come carne da cannone contro le linee della Totenkopfdivision, con la copertura della loro aviazione che prese a mitragliare e bombardare le posizioni delle SS. Nel solo pomeriggio di quel giorno attaccarono con almeno 225 aerei, tanti ne vennero contati dalla flack, che danneggiarono molti veicoli e le comunicazioni tedesche. I sovietici uscirono dai boschi a reggimenti marciando in formazione chiusa verso le trincee nemiche lungo tutto il fronte tenuto dai soldati della SSTK che, da parte loro, avevano cominciato a falciare gli assalitori con le loro MG34.

Dopo mezz'ora dall'inizio dell'attacco le munizioni cominciarono a scarseggiare e le richieste d'aiuto via radio e con telefoni da campo al quartier generale di Eicke incominciarono ad essere pressanti. Alle 3:00 del pomeriggio l'armata rossa si era incuneata in profondità nel sistema difensivo delle SSTK isolando numerosi capisaldi. Nel settore di Lushno attaccato da due reggimenti russi e da 20 T-34 la situazione era maggiormente critica. I carri avevano presto distrutto tutti i veicoli blindati con il loro equipaggiamento della compagnia radio del 2° battaglione che bloccò le comunicazioni con Eicke per molte ore. Lushno venne persa e le SS si ritirarono, solo l'azione di alcune batterie del battaglione anticarro fermarono i sovietici da una maggior infiltrazione tra le linee tedesche. Gli artiglieri della 2° compagnia del battaglione anticarro e alcune batterie del reggimento d'artiglieria ingaggiarono un combattimento

Panzer della Totenkopf nelle strade polverose della Russia

a distanza ravvicinata distruggendo almeno nove T-34, colpendo interi plotoni russi con un tiro diretto in meno di un'ora, continuando a sparare fino all'esaurimento delle munizioni. Gli attacchi suicidi dei sovietici vennero finalmente fermati dal preciso fuoco tedesco, a questo punto Eicke informato della perdita di Lushno ordinò un immediato contrattacco per riprendere il villaggio, cosa che puntualmente avvenne al tramonto dopo furiosi combattimenti corpo a corpo, scacciando i Russi nei boschi ad est del villaggio da dove erano venuti.

Il problema maggiore per le SS era dato dai potenti carri russi poiché il cannone controcarro in dotazione ai Tedeschi da 37 mm si era rivelato del tutto insufficiente a penetrarne la spessa corazza, così come era già successo con i Matilda inglesi, mentre il cannone da 50 mm era efficace solo a corto raggio. Per cercare di ovviare a quest'inconveniente Eicke creò delle speciali squadre composte in genere da due ufficiali e dieci soldati armati con borse contenenti esplosivo ad alto potenziale, mine, granate a mano e bottiglie molotov, questi piccoli gruppi dovevano attaccare individualmente i carri armati che sfondavano lo schieramento difensivo, spesso dovevano salire sullo scafo del carro piazzando le borse con l'esplosivo innescato da una bomba a mano, cosa che avrebbe concesso alcuni preziosi secondi all'assalitore, consentendogli di mettersi in salvo dall'esplosione.

La notte, successiva a quel primo scontro, passò tranquilla ma la mattina alle 5:00 la battaglia riprese con rinnovato vigore, Un nuovo assalto su Lushno sostenuto da forze più consistenti di quelle del giorno prima partì dai boschi vicini ma questa volta la fanteria era preceduta da un velo di T-34 che presto penetrarono le difese della SSTK cominciando un'altra battaglia a distanza ravvicinata. Le SS con l'esperienza del giorno precedente stavolta erano pronti a ricevere il nemico, rifiutarono di cedere terreno, aiutandosi con le artiglierie e tutte le loro armi a disposizione respinsero l'attacco facendo strage del nemico. Dopo questo primo grande assalto i sovietici rinnovarono gli attacchi ogni mezz'ora con i soldati russi incoraggiati all'attacco da una buone dose di vodka. I soldati di una batteria del reggimento artiglieria raccontarono che i fanti russi attaccarono la posizione direttamente senza preoccuparsi di prendere copertura dal tiro della batteria e i pochi sopravvissuti che arrivarono a tiro utile per poter combattere erano troppo stanchi e confusi per farlo, venendo subito abbattuti dalle SS. Nel pomeriggio i Russi nel loro disperato tentativo di sfondare a sud di Lushno, utilizzarono una tattica singolare che consisteva nell'aprirsi la via dell'attacco su un terreno minato utilizzando dei maiali sospinti verso le linee avversarie.

La compagnia del genio che teneva quella posizione rimase molto sorpresa nel vedere la fanteria sovietica farsi precedere da numerosi suini ma non si perse d'animo e respinsero l'attacco provocando molte perdite ai Russi, sia tra gli uomini che tra i maiali.

A Lushno una squadra anticarro guidata dall'Hauptsturmführer Max Seela di una compagnia del battaglione del genio riuscì a fermare un attacco di sette carri T-34, il primo carro, momentaneamente fermo per far fuoco col cannone, venne assaltato da Seela da un lato dello scafo che piazzò la carica esplosiva vicino la torretta innescata poi da una granata a mano, nello stesso modo vennero distrutti gli altri sei carri uccidendo subito dopo gli equipaggi sopravvissuti che tentavano di mettersi in salvo dai loro carri in fiamme.

La notte del 26 settembre vide l'impiego delle riserve da parte dell'armata rossa che andavano ad attaccare l'intera linea del fronte difesa dalla Totenkopfdivision che malgrado le perdite, la mancanza di cibo caldo da tre giorni e lo scarseggiare delle munizioni si difesero in modo accanito.

Nell'area di Lushno la mattina del 26 il 2° battaglione i cui ranghi si erano notevolmente assottigliati, avendo inoltre subito la perdita di tutti gli ufficiali, compresi quattro successivi comandanti di battaglione finiti uccisi, restando con soli 150 soldati abili

Fotoritratto di un milite della testa di morto

al combattimento in tutto il battaglione, dovettero abbandonare il villaggio di Lushno. Malgrado ciò il battaglione guidò un successivo furioso contrattacco la notte tra il 26 e il 27 rioccupando il villaggio, le cui rovine il giorno dopo furono perse e riconquistate per ben tre volte consecutive.

Negli altri settori del fronte la situazione era altrettanto critica tanto che il 27 Eicke ordinò ad ogni uomo disponibile, compresi quelle delle unità logistiche, di andare sulla linea del fuoco. Lui stesso e il suo staff d'ufficiali impugnarono i fucili e si portarono sulla linea di Lushno dove si adoperarono come ultima linea di difesa.

In quei giorni il comando supremo della Wehrmacht e lo stesso Hitler non si resero conto della grave minaccia che gravava sul Gruppo Armate Nord impegnati com'erano nella grande battaglia d'annientamento che si stava svolgendo a Kiev e solo il giorno 27 compresero ciò che poteva capitare alle armate di Leeb occupate nell'assedio a Leningrado, che avrebbero potuto essere circondate e annientate se la SSTK non lo avesse impedito mantenendo le proprie posizioni difensive.

Quello stesso giorno i Russi effettuarono il loro massimo sforzo. Con oltre 100 carri

Altra variante dello scudetto in uso nella divisione

armati e l'equivalente di tre divisioni di fanteria attaccarono le SSTK che con le loro ultime forze e, impiegando tutte le riserve possibili, respinsero anche questo assalto, distruggendo la maggior parte dei carri armati sovietici, agevolati anche dal fatto che spesso i Russi avevano la brutta abitudine di montare un bidone di carburante supplementare nella parte posteriore del carro, ciò li rendeva particolarmente vulnerabili in quel punto che diventava il bersaglio preferito dei caccia carri tedeschi. La battaglia alla fine era vinta ma fu solo per la straordinaria tenacia del soldato della Totenkopfdivision che le linee tedesche non furono travolte.

Le ragioni di questo successo risiedevano nello spirito di sacrificio, nel sentimento di forte cameratismo che legava gli uomini della divisione accresciuto da un senso di superiorità nei confronti di chiunque altro e, soprattutto dei Russi il cui modo di combattere suicida aveva rafforzato la convinzione di trovarsi davanti ad esseri inferiori, tutto questo insieme al fatto di essere trascinati al combattimento da ufficiali decisi e sempre pronti a rischiare in prima persona, ne aveva reso possibile la resistenza impedendo ai Russi qualsiasi progresso sul terreno, salvando così il Gruppo Armate Nord da un possibile disastro.

Ora anche la Wehrmacht con Manstein e Busch in testa riconobbero le qualità guerriere della SSTK nella battaglia di Lushno, tanto che Manstein ebbe modo di dire successivamente che la Totenkopfdivision era stata la miglior unità delle Waffen SS di cui ebbe il comando, anche per gli stessi soldati delle SSTK la durissima battaglia vinta aveva portato ad una maggior sicurezza nelle proprie capacità ritenendosi imbattibili, cosa che sarebbe tornata utile nelle prove altrettanto dure che li aspettavano.

Molti furono gli episodi di eroismo come quello dello Sturmann Fritz Christen, un semplice cannoniere del battaglione anticarro, che ha veramente dell'incredibile.

La sua batteria con cannoni anticarro da 50 mm era posizionata a nord di Lushno e la mattina del 24 settembre si trovava sulla direzione d'attacco della prima ondata dei mezzi corazzati dell'armata rossa, subito nei primi momenti dello scontro tutti gli artiglieri della batteria vennero uccisi tranne Christen che da solo riuscì a distruggere con il proprio cannone ben sei carri nemici e volgere in fuga gli altri. Nei giorni e nelle notti successive Christen rimase solo nella sua postazione tagliato fuori dalle sue linee senza cibo e acqua, malgrado ciò continuò a respingere i numerosi assalti portati dalla fanteria e dai carri nemici esponendosi in continuazione al tiro delle più svariate armi russe. Di notte, tra una tregua nei combattimenti e l'altra, si allontanava dalla sua postazione per rifornirsi di munizioni nelle piazzole degli altri cannoni anticarro distrutti per poter far fronte ad altri attacchi il giorno successivo. La mattina del 27 Christen venne finalmente raggiunto dai suoi camerati che ormai lo consideravano spacciato, trovandolo invece ben trincerato dietro il suo cannone, mentre il terreno davanti a lui era letteralmente cosparso di corpi dei soldati sovietici e di relitti di carri armati che nel giro di tre giorni si erano andati ad accumulare. Un rapido conto confermò a Christen la distruzione di 13 carri T-34 e l'uccisione di almeno un centinaio di Russi. Per il suo personale eroismo Christen fu il primo soldato di truppa della Totenkopfdivision a ricevere l'ambita decorazione di Croce di Cavaliere della Croce di Ferro (Ritterkreuz), personalmente consegnatagli da Hitler stesso alcuni giorni dopo gli eventi di Lushno nel suo quartier generale di Rastenburg.

Gli episodi d'eroismo furono numerosi e non tutti a lieto fine come per Christen, l'iniziativa presa dai singoli soldati, tipica degli appartenenti alle SS, fu in ogni caso determinante al successo nell'area del fiume Pola e la sera del 27 i sovietici si ritirarono nei boschi sospendendo ogni attacco, se si esclude un raid compiuto la mattina seguente da una compagnia e da un KV II superstite prontamente bloccati dalle SS. Le perdite maggiori nella divisione furono riportate dal 2° battaglione del 3° reggimento che difendeva il villaggio di Lushno con la perdita di 889 uomini tra morti e feriti, il battaglione il 30 settembre fu ritirato dal fronte per essere ricostituito con i superstiti e nuovi rimpiazzi. Ai Russi era andata ovviamente peggio e le loro perdite furono esorbitanti, così si ritirarono verso nord est per raggrupparsi. Il movimento fu notato dagli artiglieri della SSTK che aprirono un preciso e micidiale fuoco sulle truppe sovietiche in ritirata.

In una lettera del 30 settembre a Karl Wolff, Eicke scriveva che la sua divisione, a fronte della perdita di 6610 uomini, aveva ricevuto solo 2500 riservisti delle SS lasciando aperti vasti vuoti nei reparti della SSTK, inoltre metteva in evidenza la distruzione subita in armi, mezzi ed equipaggiamenti quindi, concludeva, la divisione

Cannone anticarro da 50 mm della Totenkopf sul fronte orientale. Con questo tipo di arma lo Sturmann Fritz Christen difese da solo ad oltranza la sua posizione durante la battaglia di Lushno.

Pennone in uso sui mezzi della divisone testa di morto

L'SS Sturmann (Caporale) Fritz Christen decorato con la Croce di Cavaliere guadagnata nella battaglia di Lushno. Il nastrino della Croce di Ferro di Seconda Classe è visibile sul bottone dell'uniforme.

doveva essere ritirata al più presto dalla linea del fronte per essere riorganizzata. Inoltre Eicke era preoccupato che ufficiali e sottufficiali in convalescenza venissero spesso dirottati su altri incarichi e difficilmente tornavano al loro reparto originario dove la loro esperienza era preziosa. Oltre a protestare per questo Eicke ovviò a un simile inconveniente in modo drastico e semplice, creando un luogo di convalescenza vicino la cittadina di Demjansk.

Un'altra immagine dell'SS Sturmann Fritz Christen, di recente decorato con l'ambita Croce di Cavaliere. Raramente tale decorazione era concessa a soldati di truppa. Christen sopravvisse alla guerra, passando dieci anni prigioniero dei Russi per poi essere rilasciato e vivere tranquillamente fino gli anni novanta.

La situazione generale dell'esercito tedesco completamente assorbito nell'assalto decisivo a Mosca impedì di ritirare la SSTK a cui anzi venne ordinata una nuova avanzata. Difatti il punto di congiunzione tra il Gruppo Armate Centro impegnate nell'avanzata dopo l'ennesima battaglia d'annientamento vinta presso Smolensk era tenuto dalla 16° Armata di Busch che allo scopo di evitare l'apertura di vuoti tra le armate di Leeb e quelle di Bock ordinò l'8 ottobre alla SSTK e alla 30° divisione di fanteria di riprendere l'avanzata verso est nella regione collinosa dei Monti Valdai.

Dopo aver raggiunto i villaggi di Syechova, Muiry e Yablonka i Tedeschi si fermarono creando delle zone trincerate per difendersi da eventuali attacchi, la regione, ricca di fitte foreste e paludi, favoriva la guerriglia che spesso bloccava le strade con trappole e mine, rallentando i movimenti delle due divisioni.

Il 16 ottobre, a 16 km ad est di Lushno, in un'area densamente boscosa, i soldati della 16° armata si trovarono davanti una linea fortificata con trincee e campi minati.

Busch, pensando che i Russi ormai provati avrebbero offerto solo una debole resistenza, ordinò una nuova offensiva per il giorno 17 da parte della SSTK e della 30° divisione. Malgrado le speranze di Busch, gli assalti non ebbero che dei successi locali impedendo qualsiasi progresso di rilievo. Le fortificazioni russe ma soprattutto la debolezza delle ormai assottigliate forze tedesche, in particolare di quelle delle SSTK, portarono ad una stabilizzazione del fronte a sud del lago Ilmen.

In quel periodo Eicke rimosse il comandante del 3° reggimento Kleinheisterkamp con la scusa di un cedimento di nervi, violando gli ordini di Himmler secondo cui solo lui aveva il potere di trasferire gli alti ufficiali dai vari reparti.

La prime settimane di novembre coincisero con l'inizio dell'assalto finale su Mosca. In queste condizioni alla 16° armata non rimase altro che trincerarsi in attesa dell'inverno imminente nelle boscose colline dei Monti Valdai, dove la Totenkopfdivision, subordinata al 10° corpo d'armata, si stabilì. L'intoppo maggiore nel collocarsi in quella regione boscosa era però la difficoltà nel trovare alloggi in cui ripararsi dal freddo visto che i Russi in ritirata avevano incendiato tutti i villaggi e le fattorie della zona, mentre i pochi edifici rimasti in piedi venivano bombardati in continuazione dall'aviazione sovietica. Dalla seconda settimana di novembre l'attività partigiana nei boschi dei bassi monti Valdai ebbe un forte incremento. Non passava giorno che le colonne di rifornimento ed addirittura gli ospedali da campo venissero attaccati. Tanto era serio il problema che Eicke decise di mandare dei distaccamenti dalla linea del fronte a stanare i partigiani. I rastrellamenti furono brutali ed in questo periodo si ha notizia delle prime fucilazioni di civili per rappresaglia da parte delle SSTK. Non solo le SS ma anche le unità della Wehrmacht furono coinvolte in questa guerra spietata quanto necessaria per difendere le retrovie, così come si rileva dai rapporti scritti della 16° armata riferiti all'attività delle sue divisioni nel periodo tra il 22 giugno e il 31 dicembre 1941, in particolare, nel periodo di novembre e dicembre, indicando che erano stati uccisi 51 commissari politici, 2639 partigiani e 53 civili, infine erano stati distrutti 13 villaggi utilizzati dalla guerriglia.

Le rappresaglie da parte delle SS non erano sempre scontate come accadde il 28 novembre quando una compagnia del battaglione anticarro impiegata in questo tipo d'operazioni antiguerriglia trovò i corpi di tre SS nella foresta e nelle vicinanze scoprì un vecchio bunker abitato da quattro civili russi, invece di fucilarli subito come da prassi, le SS portarono i civili nel vicino villaggio dove vennero riconosciuti dal sindaco che chiarì come al momento dell'uccisione dei tre soldati tedeschi da parte dei partigiani essi si erano nascosti per la paura in quel bunker, così i quattro civili vennero subito rilasciati dalle SS.

Lo scontro più serio con i partigiani si ebbe nella fredda notte tra il 27 e il 28 novembre al villaggio d'Ilmolya, uno dei pochi ad essere rimasti ancora in piedi. Un gruppo di combattimento delle SSTK dopo aver rastrellato le foreste circostanti trovò lì riparo per la notte insieme ad altre due compagnie di fucilieri della 30° divisione di fanteria, assommando ad una forza di difesa di circa un battaglione. La sicurezza del villaggio era costituita da due anelli difensivi presidiati da alcune guardie, cosa che veniva giudicata adeguata dagli ufficiali in comando.

Soldati della SS fraternizzano con la popolazione locale durante la campagna di Russia.

Cannone anticarro da 37 mm ancora in uso nelle prime fasi della guerra in Russia.

Alle 10:00 di sera i Russi cominciarono ad infiltrarsi nelle difese tedesche, agevolate anche dal sonno di alcune guardie. Quando furono al centro del villaggio si divisero in due gruppi; uno si mise a guastare i mezzi di trasporto parcheggiati con l'esplosivo, gettando poi anche granate e bombe molotov dentro le finestre delle case, mentre l'altro gruppo di copertura iniziò a colpire alle porte i Tedeschi che cominciavano ad

uscire in strada. Dopo un'ora di combattimenti i guerriglieri sparirono nella foresta dopo aver causato ai Tedeschi la perdita di quattro uomini e dodici feriti gravi.
Questa era la tecnica comunemente seguita dai partigiani come risultava da una nota scritta sovietica del 4 ottobre caduta in mani tedesche e che spiegava come approfittare del sonno delle sentinelle. Eicke fece tradurre in tedesco questa direttiva e la distribuì a tutti i suoi reparti. A questi scontri seguì una gran calma su tutto il fronte e anche nelle retrovie. Il motivo è da ricercare nella battaglia decisiva che si stava svolgendo verso Mosca e che assorbiva le forze dei due contendenti. Grazie a questo stato di tregua gli uomini della SSTK ne approfittarono per riposarsi dopo mesi di continui scontri.
Eicke intanto continuava a lagnarsi con i propri superiori. In un memorandum indicava le perdite della sua divisioni pari a 8993 uomini che rappresentavano ben il 50% della forza che aveva passato i confini russi in giugno. A fronte di ciò si lamentava di aver ricevuto dei rimpiazzi insufficienti e non particolarmente addestrati, in particolare gli ufficiali, costituiti spesso da riservisti, tanto è vero che molti di loro venivano uccisi al loro battesimo del fuoco e quando mandati in pattuglia antiguerriglia cadevano spesso vittima delle trappole partigiane. Tutto questo portava ad una demoralizzazione anche dei veterani delle SSTK. Oltre la mancanza di ufficiali preparati Eicke era preoccupato dalla carenza d'indottrinamento nazionalsocialista di molte reclute in particolare dei volksdeutsche, cioè da soldati di stirpe tedesca provenienti da zone di recente occupate,

Uno dei tanti prigionieri russi catturati nella prima fase della guerra in Russia.

come ad esempio l'Ungheria, ovviamente questi uomini non avevano avuto molti contatti con l'ideologia nazionalsocialista. Il motivo che molti volksdeutsche entrarono nelle SS era dovuto al fatto che in Germania la coscrizione obbligatoria della Wehrmacht impediva alle SS di ottenere un numero adeguato di rimpiazzi ma doveva ripiegare spesso su volontari più giovani dei termini di leva o riservisti già appartenenti alle SS.

I volksdeutsche essendo invece formalmente stranieri non potevano perciò essere precettati dalla Wehrmacht ed erano così liberi di entrare a far parte delle SS.

Eicke oltre al motivo di non essere veri nazionalsocialista, fatto per lui cruciale in una guerra ideologica come quella in Russia, rimproverava a questi soldati di essere deboli fisicamente e più facili al panico in battaglia.

Il problema dei volksdeutsche verrà presto risolto creando delle divisioni SS interamente composte da questi elementi, come la famosa divisione Prinz Eugen che si distinguerà nella guerra nei Balcani.

Per addestrare questi rimpiazzi in modo adeguato Eicke chiedeva ancora una volta che la divisione venisse ritirata dal servizio di prima linea.

Per sfortuna di Eicke ormai la sua divisione era considerata troppo importante nello schieramento delle armate di Leeb, impegnate a Leningrado, per poter essere ritirata in quel momento, essendo ormai diventata la chiave di difesa del fianco destro del Gruppo Armate Nord, inoltre il suo valore dimostrato in battaglia, ormai riconosciuto da tutti, la rendeva preziosa e indispensabile nei settori più delicati.

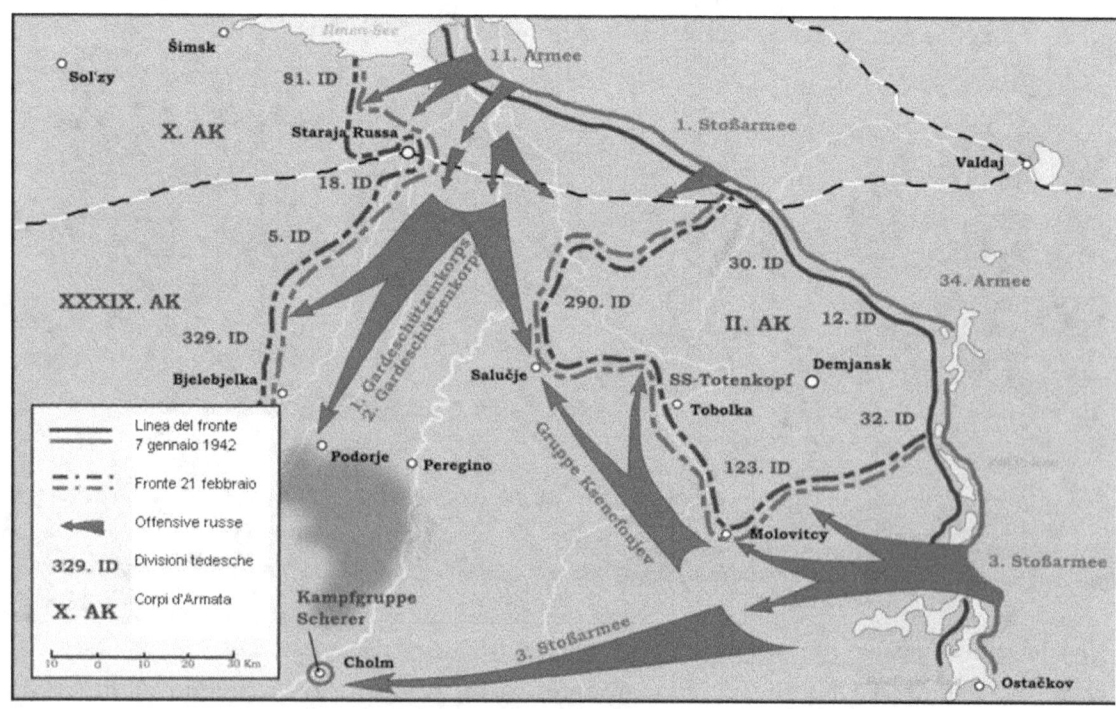

Mappa della battaglia di Demjansk

IX

Demjansk

L'assalto finale per Mosca, cominciato il 16 novembre in condizioni climatiche avverse ai Tedeschi, s'infranse su una linea fortificata difensiva profonda ben 14 km, benché i successi iniziali, che portarono la 2° armata corazzata di Guderian a soli 30 km da Mosca, l'offensiva si bloccò il 5 dicembre. I Russi al comando del maresciallo Saposnikov intuito il momento di crisi dell'avversario lanciarono la prima grande offensiva invernale con la riserva strategica, costituita da truppe fresche provenienti dalla Siberia, ottimamente equipaggiate e motivate. Per le stanche truppe germaniche che da sei mesi si trovavano coinvolte in durissime battaglie d'annientamento fu la fine. Il Gruppo d'Armate Centro di von Bock si sbriciolò, i comandi tedeschi furono presi di sorpresa da questa offensiva e cercarono di rimediare con una ritirata generale. La ritirata venne fermata da Hitler prima che si potesse trasformare in rotta ordinando una resistenza ad oltranza di tutti i reparti, i generali che non erano d'accordo con lui su questa decisione furono sostituiti, come accadde ai tre comandanti di Gruppi d'Armata Block, Rundstedt e Leeb, ma anche ad ufficiali come Hoepner che per un ordine di ritirata venne espulso dall'esercito. Anche il maggior conoscitore della guerra corazzata dell'esercito tedesco Guderian fu costretto a dimettersi dal suo comando.
La tenacia del soldato tedesco e gli ordini feroci di Hitler, che aveva preso personalmente il comando delle operazioni, salvarono la situazione impedendo l'annientamento dell'intero esercito dell'Asse.
Il settore nord non venne toccato dall'offensiva russa contro il Gruppo Armate Centro permettendo alla Totenkopfdivision di consolidare le proprie difese utilizzando il lavoro di gruppi di prigionieri russi per costruire trincee e alloggiamenti interrati, impiegando anche esplosivi per scavare nel terreno indurito dal gelo. Il fronte rimase calmo ad eccezione dell'attività di pattuglie russe che cercavano di prendere qualche prigioniero e il continuo sorvolo di ricognitori con la stella rossa. Tutto questo faceva presagire un offensiva in grande stile imminente. Tuttavia i Tedeschi stavano già facendo i conti con un'altra offensiva quella del gelo.
La battaglia detta di Demjansk fu in realtà una serie di durissimi scontri difensivi interessando quest'area coperta di boschi nella regione a sud del lago Ilmen che durarono fino all'autunno del 1942, che vide la Totenkopfdivision impiegata senza sosta e in cui venne quasi del tutto annientata come formazione di combattimento

autonoma. Nella notte tra il 7 e l'8 gennaio, durante una tormenta in cui le temperature scesero fino a –40 °C sotto lo zero, tre armate russe, l'11°, la 34° e la 1° armata d'Assalto, scatenarono l'offensiva contro la 16 armata tedesca tra il lago d'Ilmen a nord e il Seliger a sud, mentre la 3° armata d'Assalto attaccava lungo la sponda meridionale del lago Seliger all'estrema destra della 16° armata tedesca con l'intento di portarsi alle spalle di questa e circondarla.

A sud del lago Ilmen il peso maggiore dell'offensiva gravò sulla 290° e 30° divisione di fanteria, interessando solo marginalmente le SS. Entro 24 ore i Russi erano penetrati di oltre 30 km nello schieramento tedesco annientando la 290° divisione. Il 9 gennaio elementi dell'11° armata avevano già raggiunto Staraja Russa alle spalle del 2° e 10° corpo d'armata della 16° armata tedesca. Mentre la 3° armata d'Assalto si spingeva verso nord nel tentativo di congiungersi con l'11°armata russa, allo scopo di rinchiudere la maggior parte della 16° armata di Busch in una sacca per poi annientarla con comodo.

Nonostante le vivaci proteste di Eicke la Totenkopfdivision venne smembrata e i suoi reparti posti là dove maggiore era il pericolo di uno sfondamento delle linee e vi era quindi bisogno di un'unità d'élite per impedire un collasso generale del fronte. Il generale Busch pensò che l'unica possibilità di salvezza era di usare la SSTK che già in passato si era rivelata un ottima unità combattente.

La foto ritrae un soldato delle SS di un'unità non identificata del nord della Russia. Stremato dalla lunga avanzata e dai duri combattimenti del tardo autunno del 1941 si concede una sosta contro un albero.

Soldati della Totenkopf in marcia all'interno della sacca di Demjansk nell'inverno del 1942.

La cura dei feriti all'interno della sacca non era un compito facile, molti però riuscirono ad essere evacuati tramite il ponte aereo.

Cinque battaglioni di fanteria più quello di ricognizione e del genio con distaccamenti d'artiglieria vennero posizionati a Starja Russa nel pomeriggio del 9 gennaio con l'ordine di difendere quell'importante nodo stradale. Alcuni giorni dopo Eicke dovette mandare due battaglioni a sud est di Demjansk dove la pressione russa si stava facendo sentire. Il 12 gennaio Leeb considerata la situazione molto critica richiese a Hitler di ritirare il 2° e il 10° corpo d'armata al di là del fiume Lovat in modo da formare una nuova linea difensiva ed evitare a queste sue armate la possibilità di venire circondate e fatte a pezzi.

L'arma usata da questi soldati della Totenkopf, durante la difesa di Demjansk, è un cannoncino PzB 41 da 28 mm, normalmente utilizzato dai paracadutisti tedeschi, venuto in mano alle SS grazie al loro efficiente sistema logistico.

Hitler però non permise nessuna ritirata e ordinò alla 16°armata di mantenere le proprie posizioni a qualunque costo neppure per sottrarsi all'accerchiamento. Von Leeb non se là sentì di eseguire quest'ordine e preferì rinunciare al suo incarico e dimettersi dal comando del Gruppo Armate Nord. Il suo posto venne preso dal generale Georg von Küchler, già comandante della 18° armata impegnata nell'assedio di Leningrado. Questo cambio al vertice non diminuì la pressione sulla 16° armata che stava per essere circondata nella zona di Demjansk.

L'avanzata dell'11° armata russa subì in quei giorni un rovescio nell'area di Starja Russa sul fiume Lovat dove le SS e l'esercito ne bloccarono l'avanzata, costringendo i sovietici a piegare verso sud ovest prematuramente invece che alle spalle della 16° armata più ad ovest.

Il duro assedio di Starja Russa mise in luce ancora una volta il valore delle Totenkopf che galvanizzarono e guidarono le unità dell'esercito nella resistenza contro l'Armata Rossa. In questi scontri si distinse lo Sturmbannführer Max Seela che già aveva fatto parlare di sé nella battaglia di Lushno. Egli al comando di un'unità di combattimento combatté per oltre un mese nel villaggio di Dipovitzy ad est di Starja Russa dove vi

Otto Baum, seduto e senza uniforme, discute con i suoi uomini durante le prime fasi della campagna di Russia nel 1941.

era un importante ponte sul Lovat. Qui le SS mantennero la posizione nonostante i violentissimi attacchi sovietici, spesso appoggiati dalla loro aviazione, per questo Seela venne insignito della Croce di Cavaliere che gli fu consegnata nel maggio del 1942. Malgrado la fiera resistenza tedesca, i Russi alla fine accerchiarono il grosso della 16° armata quando l'8 febbraio le due armate sovietiche si congiunsero creando un anello che isolava due corpi d'armata, il 2° e il 10°, creando una sacca con al centro la cittadina di Demjansk.

All'interno della sacca oltre alla SSTK vi erano sei divisioni di fanteria (la 12°, 30°, 32°, 123°, 290°) tutte logore dalla lunga campagna e indebolite dal freddo, per un totale di 95000 uomini e 20000 cavalli che si dovevano difendere dall'equivalente di 15 divisioni di fanteria ben equipaggiate e riposate, più diversi reparti sciatori e di mezzi corazzati.

Sebbene ci fosse ancora la possibilità di una sortita verso ovest per sottrarsi all'accerchiamento Hitler proibì ogni ritirata ordinando di tenere le posizioni nell'attesa di una spedizione di soccorso che avrebbe ripristinato la linea del fronte precedente l'offensiva e liberato la fortezza Demjansk, come si era cominciato a chiamare la sacca. A questa decisione era anche pervenuto grazie le assicurazioni di Goring che riteneva di poter rifornire gli uomini intrappolati nella sacca di viveri e munizioni e carburante, Busch mandò all'OKH un messaggio per telescrivente secondo cui il bisogno giornaliero minimo di rifornimenti per le sue armate nella sacca era di 177 tonnellate che la Luftwaffe si impegnò a trasportare. Effettivamente gli aerei da trasporto della Luftwaffe riuscirono in un primo tempo ad esaudire queste richieste raggiungendo un picco di 286 tonnellate il 22 febbraio con 159 voli dentro la sacca, poi però per il peggioramento delle condizioni atmosferiche e per l'azione degli aerei da caccia sovietici, la quantità di rifornimenti si ridusse della metà di quanto indicato da Busch e solo l'apertura di un corridoio permise poi di rifornire in modo adeguato le truppe assediate a Demjansck. L'ordine di Hitler di resistere sul posto fino all'ultimo uomo sembrava fatto apposta per le SS che ritenevano inconcepibile la ritirata davanti ad un nemico da loro ritenuto inferiore.

Un giorno prima della chiusura della tenaglia russa su Demjansk la Totenkopfdivision e altre unità furono sottoposte al 2° corpo d'armata al comando del generale Conte Walter Brockdorff-Ahlefeldt poiché il comando del 10° corpo d'armata da cui dipendeva la SSTK era stato spinto ad ovest del fiume Lovat lontano dalla sacca. Lo stesso giorno Brockdorff, conscio del valore delle SS in combattimento, decise di dividere la Totenkopf in due kampfgruppe in modo da puntellare i punti più a rischio della "Fortezza Demjansk".

Ad Eicke venne affidato il gruppo più numeroso con l'aggiunta di elementi superstiti della 290° divisione, il suo compito era la difesa dei capisaldi del lato sud ovest della sacca dove vi erano importanti nodi stradali, l'ordine era di tenere quel punto ad ogni costo. L'altro gruppo venne affidato a Max Simon e posto nel lato nord est dove la pressione della 34° armata sovietica era molto forte e vi era la minaccia di un cedimento del fronte.

Per rinforzare questi due gruppi Eicke richiamò tutti i convalescenti da Demjansk e tutti i soldati appartenenti ai servizi logistici e amministrativi vennero inclusi nei reparti di linea, in questo modo il gruppo di battaglia di Eicke raggiunse il numero di 4100 combattenti delle SS. Incuranti della fame, del freddo e delle ferite i soldati della Totenkopf convinti della loro superiorità razziale e professionale continuarono a combattere anche quando rimanevano soli di fronte al nemico senza mai scoraggiarsi o darsi per vinti.

Il compito assegnato alle SS venne svolto con la solita decisione e spirito di sacrificio. I Russi riuscivano a conquistare una posizione delle SSTK solo quando i suoi difensori erano tutti morti, poiché per loro era inconcepibile il solo pensare di darsi prigionieri a nemici tanto disprezzati. Le SS combatterono per oltre un mese senza interruzione in un paesaggio completamente innevato dove il colore bianco della neve e il grigio del cielo dominavano, inoltre si combatteva con la neve che arrivava al petto e le temperature scendevano fino a meno trenta gradi sotto zero. Quando capitava che i sovietici catturavano un villaggio le SS si ritiravano solo per poi raggrupparsi e lanciare un contrattacco. Per la fine di febbraio altri due ufficiali furono insigniti della Croce di Cavaliere per l'eroismo dimostrato in quei combattimenti, il comandante del battaglione del genio lo stumbannführer Karl Ulrich e lo stumbannführer Franz Kleffner comandante del battaglione di ricognizione.

Nel frattempo la Luftwaffe non sempre riusciva a svolgere il suo compito in modo adeguato, tanto che spesso i rifornimenti venivano lanciati sulle linee avversarie. Vi furono anche due casi dove aerei tedeschi mitragliarono le linee della SSTK, che si

Otto Baum insieme a Theodor Eicke sul fronte orientale.

aggiungevano ai bombardamenti degli aerei russi oltre che della loro artiglieria.
Unico punto a favore delle SS stava nel loro equipaggiamento invernale che ridusse il numero dei casi di congelamento rispetto ai loro più sfortunati camerati dell'esercito. Infatti grazie ad un intelligente ufficiale della logistica lo stumbannfűhrer Hans Ulmer che prima si rifornì d'indumenti invernali antecedentemente alla chiusura della sacca e poi gestì le priorità sugli equipaggiamenti trasportati dalla Luftwaffe quando gli aerei da trasporto restarono l'ultimo collegamento con le retrovie.
Un altro aiuto nell'equipaggiamento venne dall'HSSPF (capo delle SS e della polizia) della Russia del nord Friedrich Jeckeln che servì con le Totenkopf durante la campagna di Francia, egli confiscò molti beni nella città di Riga in particolare vestiario pesante in lana. Grazie a questi accorgimenti i casi di congelamento furono limitati anche se spesso le SS si lamentavano dell'ingombranza degli indumenti pesanti che riducevano i movimenti durante i combattimenti.
Il problema più grave restavano comunque gli alloggiamenti visto che tutte le case con un tetto erano state incendiate o bombardate, così i soldati si dovettero adattare a vivere in trincee coperte.

Gli sforzi maggiori per annientare la sacca furono fatti dai sovietici nel settore occidentale tenuto dal kampfgruppe di Eicke, il quale era infuriato per il fatto che, per la prima volta, non poteva esercitare il comando sull'intera divisione, visto che era ormai divisa in tre gruppi completamente autonomi di cui uno fuori della sacca. I continui combattimenti provocarono forti perdite nei suoi uomini irritandolo ancora di più, portandolo ad accusare la Luftwaffe di non inviargli rifornimenti adeguati e la Wehrmacht di utilizzare le SS nelle situazioni più pericolose e che per l'incompetenza dei comandanti dell'esercito si avevano più perdite tra le SSTK che non tra le unità dell'esercito i cui uomini demoralizzati e stanchi dovevano essere sostenuti nella difesa dei loro capisaldi da unità delle Totenkopf. Tutte queste lamentele contro i suoi superiori dell'esercito furono trasmessi via radio ad Himmler.

I combattimenti nel settore di Eicke raggiunsero l'apice nella terza settimana di febbraio quando i vari capisaldi del kampfgruppe di Eicke vennero isolati tra loro dopo una serie di feroci attacchi dell'Armata Rossa ai cui comandanti sembrava proprio lì, dove si difendevano Eicke e i suoi soldati, il settore più debole dove tentare uno sfondamento del fronte, perciò fu in quella zona che lanciarono le loro truppe più fresche e motivate. I Tedeschi riuscirono a respingere gli assalti solo quando tutti i nemici erano stati spazzati via e malgrado il gruppo di Simon e quello di Eicke erano attaccati tutti i giorni i prigionieri russi furono solo 100 a dimostrazione del livello di ferocia raggiunto.

Le perdite nel gruppo di Eicke furono particolarmente pesanti e nella terza settimana di febbraio gli rimanevano solo 36 ufficiali, 191 sottufficiali e 1233 soldati cui veniva impartito un unico ordine da Eicke; quello di resistere fino all'ultimo uomo. Alla fine di febbraio i vari capisaldi erano così isolati che nessun ferito poté essere evacuato nell'ospedale di Demjansk, così i feriti più gravi furono sistemati nelle trincee nel miglior modo possibile mentre i feriti più leggeri continuarono a combattere in un paesaggio gelido e spettrale.

In questa situazione Eicke tramite un messaggio radio al comando del 2° corpo d'armata dove faceva presente come la situazione fosse disperata e come tutti i suoi capisaldi erano ormai isolati tra loro, egli stesso aveva perso i collegamenti con le confinanti unità dell'esercito. Lo stesso Eicke che dirigeva il suo kampfgruppe da una trincea scavata nel terreno gelato si trovò presto isolato dagli altri suoi reparti, con cui poteva comunicare solo via radio, senza poter avere alcun appoggio contro gli attacchi russi. Le SS però resistettero ai continui attacchi ancora una decina di giorni, per loro questo era considerata la prova della propria superiorità nei confronti dei Russi e che portava le SS ad essere orgogliose di sopportare il dolore e i sacrifici in nome della loro ideologia, inoltre il loro atteggiamento aggressivo e feroce era considerato l'unico modo per salvarsi visto che era inconcepibile consegnarsi prigionieri ai bolscevichi.

Anche i Russi erano ormai esauriti nello sforzo di annientare la resistenza nemica in questo lungo assedio e gli ultimi giorni di febbraio attingendo alle loro ultime riserve lanciarono un nuovo assalto ma un improvviso rialzo delle temperature rese

Porta ritratto dell'Oberführer Otto Baum.

il terreno da compatto e duro per il ghiaccio ad una poltiglia fangosa che rese difficili i movimenti dei mezzi russi rallentandone l'azione. L'arrivo di 400 riservisti delle Totenkopf all'interno della sacca voluto personalmente da Hitler risollevò la situazione grazie anche all'aumentato numero di voli della Luftwaffe e alla maggior precisione dei lanci dei rifornimenti sulle linee tedesche, proprio a causa del miglioramento del clima. Questo portò i soldati intrappolati nella sacca ad ottenere una gran quantità di cibo, medicine, munizioni e armi di cui avevano disperato bisogno.

I Russi a questo punto non erano meno stanchi dei Tedeschi avendo esaurito tutte le loro riserve dissanguandosi in una guerra d'attrito simile a quelle che si era combattuta nel primo conflitto mondiale. Gli attacchi diminuirono nei primi giorni di marzo per poi cessare il 20 marzo, con la primavera alle porte la temperatura notturna era ancora sotto i 30 C°.

La fortezza Demjansck aveva resistito per oltre due mesi di continui scontri, Eicke calcolò che il suo kampfgruppe aveva inflitto al nemico la perdita di oltre 22000 uomini tra morti e feriti, inclusi i 12000 uomini della 7° divisione guardie che era stata praticamente annientata in quella battaglia. I suoi dati collimavano con quelli del comando del 2° corpo d'armata che, tra l'8 gennaio e il 20 aprile, stimava in 60000 uomini le perdite sovietiche tra morti e feriti. La ferocia della battaglia non aveva risparmiato la SSTK le cui perdite totali nel periodo da gennaio a aprile era di 6674 tra morti, dispersi, feriti e ammalati, mentre i rimpiazzi erano stati di 5029 uomini nella maggior parte utilizzati a Starja Russa e comunque insufficienti a ricoprire i vuoti aperti nella divisione dall'inizio della campagna russa. In totale la Totenkopfdivision alla fine di marzo poteva contare su 9669 uomini sparsi nella sacca o a Starja Russa.

Sebbene i tentativi dell'Armata Rossa di distruggere la sacca erano finiti la fortezza Demjansk era ancora circondata dai Russi che ora si fortificavano nell'anello che divideva le forze tedesche. Ancora una volta Hitler rifiutò al 2° corpo d'armata la possibilità di ritirarsi ma impartì l'ordine di preparare una forza di soccorso per creare un collegamento con la sacca.

A tale compito venne preposto il generale Walter von Seydlitz-Kurzbach con forze del 10° corpo d'armata consistenti nella 5° e 8° Jager Division e le 122°, 127°, e 329° divisioni di fanteria. Per favorire l'attacco di Seydlitz Hitler acconsentì ad un attacco simultaneo della 2° armata dalla parte occidentale della sacca così da permettere alle due armate di ricongiungersi a metà strada. L'attacco doveva essere guidato da Eicke e dai suoi soldati più varie unità delle altre divisioni di fanteria, poiché proprio loro si trovavano nel settore più occidentale della sacca.

L'operazione d'attacco dalla sacca venne denominata "Gangway" (corridoio) e doveva cominciare solo quando le truppe di Seydlitz avessero raggiunto Ramushevo sul fiume Lovat. L'offensiva per liberare il 2° corpo d'armata venne lanciata alle 7:30 del 21 marzo con l'appoggio della Luftwaffe. Nonostante i successi iniziali l'attacco si arenò contro le postazioni preparate dai sovietiche ad est del fiume Lovat, costringendo le forze all'interno della sacca a risparmiare le ultime riserve di munizioni in vista dell'operazione Gangway oramai rimandata. Solo il 12 aprile l'8° Jager division poté raggiungere Ramushevo sulla sponda ovest del Lovat e dopo averla ripulita dall'ultimo cecchino Seydlitz annunciò, via radio al 2° corpo d'armata, la cattura della città. Poteva così cominciare l'offensiva di Eicke che partì all'attacco alle 11:00 di mattina del 14 aprile. Negli stessi giorni però era cominciato il disgelo di primavera il cui effetto fu di rendere il terreno una vasta distesa di fango rendendo le strade impraticabili, che rallentarono i movimenti di uomini e mezzi favorendo la difesa russa.

Immersi nella palude del disgelo i soldati tedeschi dovettero affrontare duri combattimenti per espugnare ogni singolo caposaldo utilizzando lanciafiamme, esplosivo e bombe a mano, spesso si arrivava al corpo a corpo in selvaggi combattimenti dove nessuno dei due contendenti voleva cedere. L'arrivo all'interno della sacca trasportati dalla Luftwaffe di 500 SS volontari danesi appartenenti al Freikorps Danemark, diede ad Eicke soldati freschi da gettare nella battaglia.

Cerimonia di consegna di un tamburo al reggimento intitolato a Theodor Eicke.

Vedetta della Totenkopf osserva i movimenti nemici nel desolato paesaggio di Demjansk. Gli indumenti pesanti erano indispensabili per la sopravvivenza all'aperto, malgrado impacciassero i soldati durante i combattimenti. Alle spalle dell'SS un pezzo d'artiglieria campale ad alzo zero, pronto ad entrare in azione

Dopo una lenta avanzata il 20 aprile una compagnia del battaglione anticarro delle SSTK raggiunse finalmente la sponda est del Lovat a Ramushevo. Il giorno dopo combattendo sulle rive alluvionate del Lovat vennero eliminati gli ultimi centri di resistenza sovietici mentre Seydlitz creava una testa di ponte sul Lovat per potersi finalmente congiungersi con le forze di Eicke. Quel giorno l'assedio finì e i rifornimenti cominciarono così a giungere a Demjansk dal corridoio così creato.

Il successo ottenuto nella sacca di Demjansk permise al Gruppo Armate Nord di continuare l'assedio a Leningrado che un eventuale ripiegamento ad ovest del fiume Lovat avrebbe compromesso, nel contempo diede a Hitler la conferma dell'esattezza della sua visione strategica di una resistenza ad oltranza, lo stesso scenario sarebbe stato riproposto su scala maggiore l'anno dopo a Stalingrado nella vana speranza di ripetere il successo di Demjansk, successo che non era dovuto tanto ai rifornimenti portati dalla Luftwaffe quanto dall'eroica resistenza dei soldati della Totenkopfdivision.

Un momento dei combattimenti nel glaciale e desolato ambiente nei dintorni di Demjansk.

Nei 78 giorni d'assedio il comportamento della Totenkopfdivision fu basilare per la salvezza della 2° armata, il suo valore venne riconosciuto nei comunicati tedeschi e anche i sovietici ammisero il valore delle SS nei loro rapporti. Hitler conferì ben 11 Croci di Cavaliere alla divisione Totenkopf per il comportamento eroico tenuto nelle battaglie tra gennaio e aprile, ad Eicke che aveva ottenuto da Hitler la Croce di Cavaliere il 15 gennaio via radio per il suo comportamento nell'offensiva a sud del lago Ilmen l'anno prima, gli vennero riconosciute le Foglie di Quercia e la promozione al grado di SS Obergruppenführer. Questi riconoscimenti gli vennero tributati personalmente da Hitler insieme ad Himmler davanti un'assemblea di dignitari delle SS in una fastosa cerimonia a Rastenburg il 26 giugno.

Eicke raccomandò il comandante del 1° battaglione del 1° reggimento delle SSTK lo Sturmbannführer Otto Baum alla Croce di Cavaliere per il suo ruolo nella difesa delle strade per i rifornimenti sul fianco e alle spalle del kampfgruppe di Eicke per tutta la durata dell'assedio di Demjansk.

L'alto numero di Croci di Cavaliere in così breve tempo è un'ulteriore dimostrazione del valore e dell'impegno degli uomini della Totenkopfdivision.

A fronte di quest'impegno le perdite erano state spaventose, Eicke in un suo rapporto per Himmler della fine di maggio dichiarava che gli rimanevano 6700 uomini ancora in azione e richiedeva 10000 rimpiazzi per ricostituire la divisione o almeno un periodo di riposo nelle retrovie dove potersi riorganizzare, Eicke concludeva senza giri di parole che la sua divisione era troppo debole per poter resistere ad ulteriori offensive nemiche. Eicke, a conferma delle sue affermazioni, allegò un lungo memorandum del medico del 2° battaglione del 1° reggimento di Simon l'Hauptsturmführer Eckert che metteva in evidenza le deboli condizioni fisiche delle SS che gli ricordavano quelle dei prigionieri dei campi di concentramento e che non riteneva più compatibili con il servizio militare, condizione dovuta in gran parte al freddo e alla mancanza di viveri, inoltre, in sintonia con Eicke, rimarcava la bassa qualità delle reclute Volksdeutsche e richiedeva una maggior selezione razziale e un miglior indottrinamento politico.

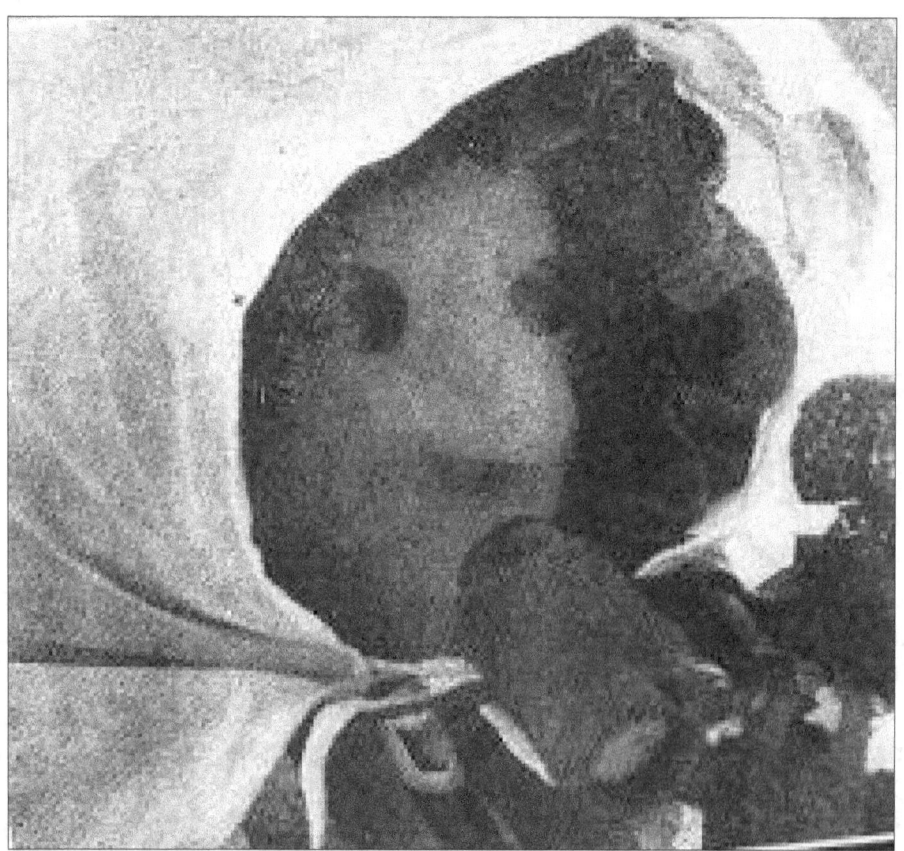

Il clima rigido imponeva una copertura pressoché totale del corpo. A Demjansk le SS potevano contare su un ottimo servizio logistico che, malgrado la sacca in cui erano intrappolati, riuscivano a far arrivare, tramite il trasporto aereo, molti rifornimenti indispensabili

Altri rapporti indicavano come oltre al declino fisico si aggiungesse anche una diminuzione nella disciplina che si traduceva in un aumento di furti e di casi di sonno nei turni di guardia, inoltre, cosa estremamente rara nelle Waffen SS, si verificarono casi di autolesionismo e codardia in battaglia, ci fu addirittura qualche caso di diserzione. Questi aspetti negativi, concludeva Eicke, sarebbero andati ad aumentare se la divisione non fosse stata ritirata subito dal servizio attivo. Himmler a tutti questi rapporti non volle credervi considerandoli esagerazioni dello stesso Eicke e delle fantasie, ignorando le condizioni di debilitazione delle Totenkopf, Himmler e soprattutto Hitler, vedevano in questi veterani come una delle più importanti unità in quel settore e in momenti di difficoltà continua, come quelli che stava attraversando il Gruppo Armate Nord, ogni disimpegno della divisione di Eicke sembrava improponibile.

Il corridoio aperto in aprile era ampio solo 5 km dove correva la strada per i rifornimenti che andava da Staraja Russa a Demjansk, ora la sacca si era trasformata in un saliente sempre minacciato di essere nuovamente isolato e distrutto, Hitler in ogni caso rifiutava qualunque ipotesi di ritirata dando ad Eicke il compito di mantenere aperta questa porta. Il kampfgruppe di Eicke fu rinforzato con i superstiti delle sei divisioni intrappolate nella sacca, potendo così schierare 14000 uomini molti dei quali malati. Eicke restava comunque pessimista sulla situazione della sua divisione, così chiese a Busch il permesso che fosse ritirata almeno provvisoriamente dal saliente per salvare quel poco che rimaneva da salvare. Busch ben si rendeva conto che ormai la divisione si trovava in condizioni disperate e come forza combattente assommava a poco più di un reggimento. Decise così d'intervenire direttamente su Himmler per permetterne il ritiro. Himmler non volle esaudire le richieste del comandante della 16° armata ma si limitò a mandare dei rimpiazzi, costituiti da 3000 riservisti mal addestrati e alcuni Volksdeutsche più alcuni volontari danesi per rinforzare il saliente.

Lo scarso afflusso di rimpiazzi alla Totenkopf si spiega col fatto che Himmler pensava di ricostituire la divisione ex-novo in Germania rifiutando di mandare sia rimpiazzi efficienti sia veicoli e armi pesanti in quantità apprezzabili. In questo modo lasciò la Totenkopfdivision a confrontarsi con un nemico a cui mezzi e uomini non mancavano mai decretando così la fine della divisone esposta ai futuri combattimenti a Demjansk. Dai primi di giugno la pressione dell'Armata Rossa sul saliente tornò a farsi forte con bombardamenti aerei e d'artiglieria, che andavano a sommarsi ad una continua attività di pattuglia che sondava i punti deboli dello schieramento tedesco, in quel periodo vi furono anche combattimenti feroci che interessarono i Danesi del Corpo Franco, alle dipendenze della SSTK, quei volontari subirono forti perdite, fino al 78% tra morti e feriti e in poche settimane persero in successione due dei loro valorosi comandanti in battaglia senza che i Russi riuscissero a fare il ben che minimo progresso in quel settore.

Nello stesso mese di giugno Eicke tornò in Germania, su un aereo appositamente mandato a prelevarlo, per alcuni giorni di licenza che spese in famiglia ad Oranienburg. Al suo posto fu designato al comando della SSTK Max Simon.

Eicke mentre guida le operazioni a Demjansk divenuta ormai un saliente sul fronte del Gruppo Armate Nord.

Eicke il 26 giugno fu decorato della Croce di Cavaliere con Foglie di Quercia da Hitler in persona nella "Tana del Lupo" vicino a Rastenburg che era il quartier generale del Führer. Nella discussione con Hitler che seguì la cerimonia Eicke descrisse la difficile situazione della Totenkopfdivision con grande fervore e senza giri di parole, tanto che il Führer, impressionato dagli argomenti portati da Eicke, si trovò d'accordo con lui nel voler ritirare la sua divisione per essere riorganizzata in Francia. Hitler promise anche di equipaggiare un intero battaglione corazzato e trasformare la divisione da motorizzata in Panzergrenadier. Venne così organizzato un programma d'addestramento il cui fulcro era la caserma delle SS a Sennelager bei Paderborn in Westphalia dove Lammerding dopo tre settimane di licenza iniziò l'addestramento di un nuovo reggimento delle Totenkopf.

Nel frattempo a Demjansk il 7 luglio gli assalti russi ricominciarono con rinnovato vigore, diretto contro il settore difeso dalle Totenkopf, la loro intenzione era di agire con forze soverchianti nel tentavano d'annientare il saliente. Simon conscio della sua debolezza si appellò sia ad Eicke che ad Himmler nella speranza di salvare quel che rimaneva della divisone, egli accusava anche i comandanti del 2° corpo d'armata di utilizzare le SS per attacchi locali quasi suicidi e, per la debolezza dei reparti, spesso fallivano, dovendo poi subire il contrattacco sovietico appoggiato da carri armati e artiglieria in abbondanza che provocava ulteriori perdite alle SS.

Gli attacchi locali a cui Simon era obbligato in quei giorni portarono a risultati trascurabili a fronte della perdita di 20 ufficiali e 776 tra soldati e sottufficiali.

Simon per evitare la distruzione totale della sua unità aveva escogitato un metodo per sottrarre quanti più ufficiali e importanti comandanti dall'inferno di Demjansk, essi venivano infatti mandati in licenza individualmente con l'ordine di non tornare più ma di presentarsi alle nuove unità delle Totenkopf che si stavano formando in Germania. Il 2° corpo d'armata accortosi di ciò ordinò a Simon di non mandare più ufficiali in licenza e prese a controllare tutti i treni che tornavano in patria per verificare se gli ordini erano stati eseguiti, comunque Simon era già riuscito ad allontanare con vari pretesti almeno 170 ufficiali la cui esperienza sarebbe stata preziosa nella formazione di una nuova unità combattente. Questo modo di fare da parte dell'esercito convinse ancora di più che si volesse lasciar morire la divisione delle SS. Nel frattempo i comandi dell'esercito insistevano con Hitler nel mantenere in linea la Totenkopfdivision che ritenevano indispensabile nella difesa del saliente.

Nel primo pomeriggio del 17 luglio i sovietici lanciarono un'offensiva in grande stile contro il settore nord del saliente tenuto dalla SSTK.

La battaglia infuriò tutta la notte e la mattina successiva i Russi avevano catturato il villaggio di Vasiljevschina un importante nodo strategico a nord di Staraja Russa. Le due compagnie di Totenkopf poste a difesa del villaggio furono annientate combattendo fino all'ultimo uomo, preferendo farsi uccidere tutti sul posto piuttosto che cadere prigionieri degli odiati sovietici. La caduta di Vasiljevschina aprì la strada ai Russi verso sud dove avrebbero di nuovo tagliato la linea dei rifornimenti con Demjansk

Kubelwagen con evidenziato lo stemma divisionale.

L'SS-Hauptsturmführer Max Seela. Distintosi precedentemente nella battaglia di Lushno. Difese con pochi uomini, per oltre un mese, il villaggio di Staraja Russa. Seela verrà poi promosso al grado di SS-Sturmbannführer (Maggiore). Oltre la Croce di Cavaliere appesa al collo si può vedere la Croce Tedesca sul taschino destro della giacca.

Carro russo distrutto all'interno del saliente di Demjansk.

isolando per la seconda volata il 2° corpo d'armata. Il comandante del 2° corpo, il generale Brockdorff, ordinò a Simon di contrattaccare immediatamente per riprendere una posizione così vitale per le sorti della battaglia. Simon a questo punto però non aveva forze a sufficienza per poter contrattaccare e si rifiutò categoricamente di eseguire l'ordine d'attacco informando che la SSTK dal 17 luglio aveva perso 532 uomini tra morti e feriti e non era più in grado di attaccare niente e se l'esercito voleva riprendersi Vasiljevschina poteva farlo con le proprie unità. Nello stesso tempo Simon informò Himmler della sua insubordinazione spiegandone i motivi a sua discolpa.

Brockdorff affidò allora il gravoso incarico all'8° Jager Division che nonostante l'appoggio degli Stuka e 50 carri armati fallì nell'impresa, questo fece molto piacere a Simon che aveva anche una bassa opinione dei soldati dell'8° Jager Divison considerandone i suoi ufficiali superiori deboli ed indecisi. La Stavka (alto comando sovietico), imbaldanzito dal successo, lanciò i suoi soldati in una serie d'attacchi frontali contro le difese tedesche in situazioni simili a quelli che si vedevano sul fronte occidentale nelle trincee della Grande Guerra senza alcun risparmio di vite umane. Le alte perdite e una pioggia battente sfiancò le forze russe e il 30 luglio vennero sospesi gli attacchi miranti a circondare il saliente di Demjansk e il fronte ritornò calmo.

A questo punto Simon pensò che non gli rimaneva altro che rivolgersi ai suoi superiori dell'esercito per chiedere l'allontanamento dei suoi uomini dal fronte. In una conferenza con il comandante del Gruppo Armate Nord Küchler a Demjansck il 29 luglio dichiarò che dal 17 luglio i tre gruppi delle SSTK avevano perso ben 51 ufficiali e 2685 uomini

Theodor Eicke, in divisa da SS-Obergruppenführers der Waffen-SS (1942)

Un momento di sosta per le SS del saliente di Demjansk. I combattimenti esaurirono quasi completamente i veterani della Totenkopf che si sacrificarono più di ogni altra unità in quel settore, nel tentativo di mantenere un guadagno territoriale che rappresenterà un grave errore tattico nella guerra di logoramento combattuta in quel settore.

nella difesa di un fronte lungo 41 km di foreste e paludi, mentre tutti i superstiti che ammontavano alla forza di cinque battaglioni all'interno della sacca, compresi tutti i servizi non combattenti, erano malati, in totale la forza totale rimasta alla Totenkopf era di 7000 uomini, per la maggior parte non combattenti (come addetti alla logistica, medici e servizi amministrativi). Simon faceva inoltre presente come i suoi soldati non potevano respingere i nemici "per un tempo indefinito". E come ebbe modo di scrivere a Himmler "le incredibili sofferenze e sacrifici degli uomini erano diventati più di quanto si poteva sopportare" soprattutto nella difesa di un terreno paludoso senza alcun valore strategico. Eicke, intanto, reduce da una nuova operazione alla sua gamba ferita un anno prima, venne a conoscenza delle condizioni sempre più disperate della SSTK e chiese di ritornare al fronte e morire con i suoi soldati visto che, come asseriva convinto, l'esercito complottava per un totale annientamento della Totenkopfdivision e che alla fine della guerra sarebbe stata troppo debole per espletare le sue mansioni al servizio del Führer, come scrisse in una lettera a Jütter. Hitler in ogni caso non permise ad Eicke di tornare al fronte e mettere in pratica i suoi propositi suicidi, egli era ancora troppo prezioso per la formazione delle nuove Totenkopf. La situazione nel saliente tornò ad essere incandescente a partire dal 5 agosto principalmente a causa delle continue molestie dell'aviazione dell'Armata Rossa che padrona dei cieli sopra Demjansk bombardava le postazioni tedesche provocando, oltre a notevoli danni materiali, anche un pericoloso cedimento nel morale dei soldati che non vedevano più la loro aviazione a contrastare il nemico, facendoli così sentire abbandonati in quella situazione disperata.

Anche le artiglierie sovietiche e soprattutto le Katjuschia che lanciavano potenti salve di razzi provocarono perdite e scompiglio tra le linee tedesche costringendo lo stesso Simon e il suo stato maggiore a cercare più volte un riparo a questa tempesta d'acciaio, rendendo per molto tempo impossibili anche gli spostamenti dei feriti e delle scorte alimentari da e verso la prima linea. Solo l'arrivo di violenti temporali a metà agosto costrinse i Russi ad interrompere la loro offensiva contro il saliente, permettendo agli assediati di rinforzare le loro posizioni e soprattutto di rifornirsi di munizioni di vario calibro indispensabili per respingere gli attacchi della fanteria sovietica sferrati nella seconda metà d'agosto.

La mattina del 25 agosto i sovietici attaccarono il saliente in forze costringendo i difensori a fronteggiare gli attacchi suicidi della fanteria russa che malgrado le forti perdite riuscirono, in alcuni punti, ad avere le trincee tedesche a portata delle loro bombe a mano, ne scaturiva così un feroce combattimento corpo a corpo, costringendo i soldati della Totenkopf a contrattaccare per togliere ai nemici il terreno che avevano conquistato. Le perdite delle SS in tre ore di furiosi combattimenti furono di 96 caduti. Il settore più esposto a questi attacchi era il corridoio che assicurava i rifornimenti tra il saliente e le retrovie, qui attaccarono cinque divisioni russe, tra cui la 7° divisione delle guardie e una brigata fucilieri. In questa zona le difese delle SSTK furono isolate tra loro, venendo a crearsi delle piccole sacche che i Russi cercavano in tutti i modi di distruggere, anche le comunicazioni tra i vari capisaldi furono interrotte. Tutte le SS dei reparti di supporto come i meccanici, polizia militare, reparti di sanità, ecc furono gettate nella mischia e sebbene il rapporto di forze era di 1 a 5 a favore dei Russi la Totenkopfdivision fermò anche la terza offensiva estiva contro il saliente di Demjansk. Le perdite erano state più di 1000 uomini tra morti e feriti riducendo la forza combattente della divisione SS ad un misero battaglione.

Hitler dopo quest'ultima battaglia finalmente decise di cedere alle insistenze di Eicke e degli altri gerarchi delle SS di ritirare la divisone dal fronte per essere riorganizzata come divisione panzergrenadier creando anche una nuova standarte di riserva denominata Thule dal nome dell'organizzazione esoterica dei primi anni venti che si rifaceva alla mitica isola degli Iperborei e avrebbe poi contribuito alla nascita dell'ideologia nazista. Le nuove unità delle Totenkopf vennero mandate in Francia dove avrebbero costituito il nucleo della nuova divisione.

Il trasferimento delle unità superstiti della SSTK da Demjansk non cominciò che a metà ottobre a causa di un ennesimo tentativo russo di circondare di nuovo il saliente alla metà di settembre. Per eliminare questa minaccia il comando tedesco decise di lanciare un offensiva con quattro divisioni tedesche inclusa la SSTK, l'operazione

Cimitero nella sacca di Demjansk appartenente al Freikorps Danmark che combatté valorosamente al fianco della divisione Totenkopf nell'estate del 1942.

venne chiamata "Winkelried", l'avanzata di due divisioni tedesche provenienti dalla sacca verso ovest intrappolò la 1° Divisione Fucilieri della Guardia sul fiume Lovat, mentre la divisione da campo della Luftwaffe guidata dal generale Meindl e i superstiti delle Totenkopf attraversarono il fiume Redja muovendosi verso est intrappolando la divisione russa tra le due tenaglie, costringendola alla resa il 10 ottobre, permettendo di allargare così il corridoio che collegava il saliente con il resto del fronte.

Quella fu l'ultima importante azione compiuta dalle SS in quel settore poi, a partire dal 16 ottobre, sia le forze all'interno del saliente che quelle impegnate lungo la linea del fronte a sud del lago Ilmen furono trasferite a Starja Russa e da lì in treno trasportate in Francia, salvando gli ultimi sopravvissuti della vecchia divisione motorizzata dall'annientamento totale.

Sia Eicke che Simon ebbero modo di criticare il comportamento dei comandi nelle operazioni a sud del lago Ilmen accusandoli di non aver condotto nessuna decisa offensiva allo scopo di eliminare il saliente lasciando i soldati a combattere in posizioni difficilmente difendibili senza un reale valore strategico solo per uno scopo di mero prestigio. Simon incolpava il modo irresponsabile tenuto dai comandi nelle loro valutazioni strategiche che avevano portato alla decimazione della Totenkopfdivision. Queste affermazioni erano certo corrette ma la decisione principale nel mantenere il saliente era stata di Hitler. Difatti se la battaglia per la sacca era stata un successo non si può dire altrettanto per la difesa del saliente che si tradusse in una lunga battaglia di logoramento nello stile della Grande Guerra che causò gravi perdite ad entrambi i contendenti.

Ma se i Russi potevano assorbire enormi perdite grazie al loro potenziale umano inesauribile lo stesso non valeva per i Tedeschi che difficilmente potevano riempire gli ampi vuoti nelle loro schiere. Hitler mantenendo il saliente costrinse l'esercito a difendere un fronte molto ampio impiegando molti uomini che un accorciamento del fronte, eliminando il saliente, avrebbe risparmiato e nel contempo avrebbe permesso di rinforzare le posizioni tedesche che in quel settore avevano solo una funzione difensiva a supporto dell'assedio di Leningrado.

Queste critiche dimostrano tuttavia una certa libertà di opinione presso gli alti ufficiali delle SS che ai pari grado dell'esercito era spesso negata, invece, grazie alla loro fede politica e all'indiscusso valore in battaglia, il loro giudizio era rispettato e la propria opinione, in particolare se in contrasto con quella degli ufficiali dell'esercito, era addirittura incoraggiata.

Soldati SS della Totenkopf in attesa di partire con i mezzi verso il fronte.

Scudetto commemorativo della battaglia di Demjansk concesso a tutti coloro che parteciparono a quella lunga e sanguinosa serie di battaglie. L'aereo, al centro del disegno, rappresenta l'importanza che i rifornimenti provenienti dal cielo ebbero nella sopravvivenza della sacca. Lo stemma veniva appuntato sulla manica dell'uniforme.

X

Kharkov

Dal novembre 1942 la Totenkopfdivision fu ricostituita sotto la supervisione di Eicke in Francia, nei pressi di Bordeaux, in particolare grazie all'interesse di Hitler che ne aveva apprezzato il valore e lo spirito di sacrificio nella battaglia di Demjansk, i reparti della nuova formazione ebbero la precedenza negli approvvigionamenti d'armi e materiali.

Lo stesso Hitler ordinò la costituzione di un battaglione di carri armati con carri PzKw III e PzKw IV più un plotone di manutenzione per questi mezzi. Il reggimento Thule, sempre per volere di Hitler, fu equipaggiato con due battaglioni motociclisti con l'intenzione di creare così un reggimento fucilieri che avesse la possibilità di dispiegamento rapido sul campo di battaglia, una via di mezzo tra il battaglione di ricognizione e il reggimento di fanteria motorizzato. La stessa trasformazione sperimentale di questi reggimenti veloci si stava effettuando sulle altre divisioni delle SS che nello stesso periodo si stavano riorganizzando come divisioni panzergrenadier. Gli uomini dei nuovi reparti della Totenkopf provenivano in maggioranza dai servizi di lavoro delle SS (ben 6000) e dai reparti di riservisti (1500) delle SS, i superstiti dei vecchi reggimenti della Totenkopfdivision inquadrati nelle nuove formazioni era di soli 500 uomini, oltre ai numerosi caduti subiti dalla SSTK vi erano state anche molte promozioni e trasferimenti in altre unità delle SS. Molte furono anche le nuove reclute senza nessuna esperienza militare la maggioranza erano volontari con un'età compresa tra i 17 e i 18 anni non ancora chiamati alle armi dalla Wehrmacht o volontari anziani, queste nuove reclute necessitavano in ogni caso di un lungo periodo d'addestramento per essere amalgamate in un'unità combattente degna della fama delle SS Totenkopf. Gli ufficiali e i sottufficiali, esperti veterani, si prodigarono con successo nell'infondere lo spirito aggressivo tipico della Totenkopf. I reparti d'artiglieria furono migliorati con i cannoni da 88 mm che equipaggiavano una batteria e il battaglione anticarro fu fornito di pezzi da 75 mm semoventi impiegati come caccia carri. Il vecchio cannone da 37 mm che si era rivelato così inadeguato dall'inizio del conflitto fu finalmente abbandonato. Furono inoltre distribuite ai reggimenti le nuove auto anfibie Schwimmwagen. Il numero dei mezzi di trasporto e di combattimento divenne preponderante tipico di una divisione panzer. In ottobre Hitler decise, con grande soddisfazione di Eicke, di portare il battaglione corazzato alla dimensione di reggimento con l'assegnazione dei potenti carri Tigre, armati di un cannone da 88 mm.

L'esercito tentò una resistenza alla fornitura di armi così moderne ai reparti delle SS, soprattutto per quanto riguardava i nuovi carri Tigre, l'esercito comunicò a Jüttner che il fronte nord africano aveva la precedenza e solo nella primavera dell'anno successivo i nuovi carri sarebbero stati disponibili.

Si ebbero difficoltà anche a trovare altri equipaggiamenti come radio e anche munizioni e il carburante necessario per poter eseguire la normale attività di addestramento.

Nel frattempo Hitler, preoccupato della situazione nel Mediterraneo dopo il facile sbarco degli americani nel Marocco sottoposto al governo di Vichy, decise di occupare i territori della Francia libera per evitare sorprese di un eventuale sbarco favorito dal governo di Vichy. L'operazione denominata "Attila" prevedeva l'occupazione dei porti militari francesi di Tolone e Marsiglia, si doveva inoltre rafforzare il controllo di queste coste.

Il 9 novembre la Totenkopfdivision ricevette l'ordine di marciare su Tolosa e da qui sulle coste del Mediterraneo. L'occupazione fu un facile successo anche se le navi da guerra francesi preferirono autoaffondarsi in porto piuttosto che consegnare la flotta ai Tedeschi. La SSTK rimase a controllo delle coste fino al 18 dicembre nella zona tra Beziers e Montpellier quando poté ritornare a Bordeaux e riprendere il ciclo addestrativo interrotto da questa piccola invasione.

Theodor Eicke insieme ad alcuni dei suoi ufficiali nell'estate del 1942.

L'SS gruppenfuhrer Theodor Eicke, al fronte nel 1942.

La situazione in Russia in quello stesso periodo si era aggravata. La battaglia di Stalingrado stava infuriando e le sorti dell'Asse volgevano al peggio. Alla SSTK arrivò così l'ordine di partire di nuovo per il fronte Russo ai primi di gennaio.
Eicke preoccupato di concludere l'addestramento delle sue truppe, ancora a corto di veicoli tra cui i nuovi carri Tigre, si rivolse a Himmler con tutta l'insistenza di cui era capace per ottenere una proroga alla partenza per il fronte. Eicke scrisse al Reichsführer che un prematuro impiego della nuova divisione ne avrebbe causato l'annientamento. Anche questa volta Eicke riuscì a spuntarla e ottenne un mese per completare l'addestramento.
Eicke consapevole delle dure prove che attendevano di nuovo la sua divisione sfruttò intensamente il tempo concesso con esercitazioni continue, in particolare nell'utilizzo di reparti meccanizzati. Ai nuovi soldati furono illustrate anche le tecniche di combattimento sovietiche grazie alla presenza di numerosi veterani del fronte Russo che misero in evidenza i pregi e i punti deboli dell'Armata Rossa spiegandone le tattiche e le caratteristiche dei loro mezzi corazzati.
Nello stesso tempo continuava di pari passo il solito indottrinamento indispensabile

Automezzo divisionale in un villaggio russo.

Tomba appartenente a soldati della SS.

Soldati della Totenkopf appartenenti ad una sezione mitragliatrici.

per ottenere dei soldati fanatizzati e aggressivi necessari per un'unità d'élite impiegata nel peculiare fronte russo.

La penuria di scorte e i rifornimenti venne superata grazie anche alla versatilità di un ottimo ufficiale addetto ai rifornimenti Hans Ulmer che, rivolgendosi alle varie agenzie delle SS in tutta Europa, ottenne armi, munizioni, radio da campo, vestiti invernali e quant'altro necessitava alla divisione SS. Finalmente la SSTK ottenne anche i nuovi carri Tigre e gli equipaggi vennero addestrati su questo nuovo mezzo corazzato poco prima di partire per la Russia.

Quando l'ordine di trasferimento venne finalmente emesso la preparazione complessiva della Totenkopf poteva dirsi soddisfacente e dai primi di febbraio del '43 ben 120 treni militari trasportarono mezzi e uomini di nuovo in Russia.

Dopo due settimane di viaggio attraverso una linea ferroviaria spesso interrotta dai bombardamenti gli uomini stipati all'interno dei loro vagoni arrivarono a Kiev in Ucraina, dove una volta scaricati i loro numerosi veicoli si misero in marcia in un paesaggio freddo e ghiacciato verso il fiume Dnepr.

A partire da questo punto però si hanno delle difficoltà nel ricostruire la storia della divisione poiché gli archivi militari con le informazioni relative alla Totenkopfdivision vennero incendiate nel febbraio del 1945 a Postdam dove vi era l'archivio dell'esercito, per sopperire a questa mancanza gli storici hanno preso in esame le vicende dei corpi d'armata cui la SSTK è appartenuta fino alla fine della guerra.

La SSTK questa volta venne affidata al Gruppo Armate Sud di recente sconfitto a Stalingrado e che ora, dopo una ritirata di oltre 480 km nelle gelide steppe russe,

Heinrich Himmler e Theodor Eicke durante un ispezione sul fronte russo

rischiava di perdere anche l'Ucraina e tutte le conquiste fatte nei due anni di guerra precedenti. La Totenkopfdivision lasciava così le foreste e le paludi del nord per le steppe ma anche in questo nuovo ambiente il valore dei suoi soldati si sarebbe rivelato decisivo in più occasioni.

Ai primi di febbraio la 6° armata e la 1° armata delle guardie dell'Armata Rossa avevano creato delle teste di ponte sul fiume Donec a sud est della strategica città di Kharkov nell'est dell'Ucraina. L'importanza di questa città era rappresentata dal fatto che oltre ad essere il maggior centro industriale Ucraino era un indispensabile nodo stradale del fronte sud, la sua perdita avrebbe minacciato la distruzione delle forze dislocate sul mar Nero. Il fronte, a seguito dello sfondamento russo sul Don, aveva cessato d'essere una linea continua, presentandosi in una situazione molto fluida tipica della guerra di movimento.

Per cercare di fermare l'avanzata russa, che dopo Stalingrado sembrava inarrestabile, venne nominato comandante in capo del Gruppo Armate Sud uno dei migliori generali tedeschi il feldmaresciallo Erich von Manstein che già aveva comandato la SSTK con successo tempo prima. Per l'occasione venne costituito un intero corpo SS formato, oltre che dalla Totenkopfdivision, dalle altre due principali divisioni delle Waffen SS: la Leibstandarte SS Adolf Hitler e la Das Reich, anch'esse reduci di un periodo di riposo e di ristrutturazione in Francia ma entrate in azione già da gennaio.

Queste tre divisioni costituivano il 1° SS Panzer korps il cui comando venne affidato all'SS Gruppenführer Paul Hausser uno dei fondatori delle Waffen SS negli anni trenta e noto per il suo valore in battaglia, il suo compito sarebbe stato quello di utilizzare il potente corpo corazzato per un contrattacco nel tentativo di rioccupare il terreno perduto. La Totenkopfdivision giunse in Ucraina quando le altre due divisioni SS erano già duramente impegnate nella difesa di Kharkov, con l'ordine categorico di Hitler di resistere ad oltranza così some era già successo a Demjansk e Stalingrado. Quando da nord i sovietici occuparono la cittadina di Belgorod a nord di Kharkov un intera armata russa si trovò a minacciare il fianco sinistro del 1° corpo d'armata corazzato delle SS.

A questo punto Hausser volendo evitare la prospettiva di un accerchiamento decise di contravvenire agli ordini di Hitler di difendere la città ad ogni costo. Nonostante le insistenze del Führer, Hausser d'accordo con Manstein abbandonò Kharkov con tutti i suoi depositi di cibo e d'equipaggiamenti prima di essere circondati in una sacca. L'atto di disobbedienza agli ordini diretti di Hitler da parte di un alto ufficiale delle SS può essere inquadrato come la riprova di un certo grado d'indipendenza degli ufficiali delle SS, già notato nel caso di Simon, comunque non ebbe conseguenze su Hausser che con la sua disubbidienza salvò la vita di molti Tedeschi fornendo a Manstein una potente forza per un contrattacco che porterà i Tedeschi alla vittoria.

Hitler volando al quartier generale del Gruppo Armate Sud ordinò di riprendere immediatamente la città di Kharkov con l'impiego della Totenkopfdivision, in disaccordo con Manstein che desiderava effettuare una manovra di più ampio respiro

Soldati appartenenti al battaglione di ricognizione della divisione Totenkopf ripresi nei primi mesi del 1943. Sopra l'uniforme regolamentare dei reparti meccanizzati indossano giacche e pantaloni di pelle, indumenti molto utili nell'evenienza di un incendio a bordo del veicolo corazzato.

L' SS-Gruppenführer Theodor Eicke al fronte.

per annientare le armate russe piuttosto che intestardirsi con attacchi frontali.
Eicke e i suoi uomini intanto erano impazienti di congiungersi con il 1° SS Panzer korps e fino alla mattina del 17 febbraio si erano avvantaggiati negli spostamenti dalle strade ghiacciate su cui i mezzi si muovevano agevolmente ma durante quello stesso giorno le temperature salirono rendendo le strade una poltiglia fangosa bloccando i movimenti degli automezzi, lasciando la divisione a 40 km dal corpo di Hausser da cui sarebbe

dovuto partire l'attacco per riconquistare Kharkov.
Il ritardo della SSTK impedì l'esecuzione dell'offensiva voluta da Hitler sulla città lasciando a Manstein la libertà di mettere in atto i suoi piani. Egli dopo aver creato delle teste di ponte sul fiume Samara e avanzando verso nord utilizzando il 48° Panzer-Korps che contava due divisioni corazzate prevedeva di prendere alle spalle la 6° armata sovietica le cui linee di rifornimento si erano di molto allungate dopo l'estenuante avanzata seguita alla caduta di Stalingrado.
Eicke finalmente si univa alle forze di Hausser il 19 febbraio ad est di Poltava dopo aver disincagliato dal fango i suoi automezzi, lo stesso giorno nel pomeriggio Manstein ordinò al 1° SS Panzer korps al completo di attaccare a nord di Kharkov e chiudere le forze nemiche in una tenaglia tipica della sua strategia.

Cimitero di guerra tedesco

La tenaglia si componeva dalla 4° armata panzer del generale Hermann Hoth, che includeva il corpo di Hausser, la quale già duramente provata dalla recente ritirata, avanzò contro i reparti avanzanti della 6° armata e della 1° armata guardie lungo le direzioni dei fiumi Donec e Dnepr creando una larga breccia nello schieramento russo. Nello stesso tempo il corpo SS con la Das Reich e la SSTK avanzava dalla città di Poltava verso sud est alle spalle della 6° armata, mentre la Leibstandarte, già provata da durissimi combattimenti, rimase indietro durante l'attacco di quel giorno come forza di supporto.
Entrambi i due corpi d'armata tedeschi effettuarono una conversione verso Pavlograd, raggiunta già il 24 febbraio, poi le unità di Hausser si diressero prima verso est poi a nord seguendo le unità russe in ritirata colpendo i loro mezzi in un tiro al piccione

lungo le strade gelate della steppa senza fine.

La battaglia si svolse con le unità tedesche e russe in movimento, le prime inseguivano le seconde impegnate in una disperata fuga con i loro mezzi che venivano bersagliati dalle armi nemiche, i camion dei reparti motorizzati russi stipati di soldati erano colpiti dalle mitragliatrici tedesche montate sui loro automezzi a brevissima distanza, interi reparti di T-34 finirono il carburante e i loro equipaggi furono costretti ad abbandonare i loro mezzi corazzati nel tentativo di aprirsi una via di fuga nella gelida steppa, le cui basse temperature mieterono molte vittime così come era successo qualche mese prima alle truppe dell'Asse nella loro disperata ritirata. Neppure i furiosi contrattacchi della cavalleria russa fermarono l'avanzata tedesca e il 24 febbraio i Russi, ormai senza più carburante, abbandonarono la maggior parte dei loro veicoli così come del loro equipaggiamento cercando di continuare la ritirata a piedi. L'unica via di fuga dalla sacca che si andava ormai a formare venne però chiusa dal 1° reggimento panzergrenadier delle SSTK al comando dell'Obersturmbannführer Otto Baum che lo stesso giorno tagliò la strada alla massa dei soldati russi in fuga verso nord.

L'avanzata delle unità tedesche era così veloce che potevano capitare incidenti di "fuoco amico", come capitò ai reparti avanzanti della Das Reich e della SSTK rimasti momentaneamente separati durante l'avanzata quando alcuni carri armati delle Totenkopf si misero a sparare sui soldati della Das Reich che subito si misero in contatto via radio con i carristi avvertendo che erano l'avanguardia della Das Reich, i carristi della Totenkopf risposero laconicamente: "Noi spariamo solo contro bersagli importanti".

Gli altri reparti della Totenkopfdivision intanto avanzavano più a sud guidati da Eicke e supportati dagli Stuka impegnati a distruggere quanto rimaneva delle due armate russe in un paesaggio piatto ricoperto di neve dove per chilometri si snodavano i relitti dei veicoli russi distrutti e cadaveri insepolti irrigiditi dal freddo.

Anche se la battaglia era ormai vinta dai Tedeschi nei giorni successivi vi furono ancora violenti scontri in uno dei quali trovò la morte il comandante della divisione Totenkopf. I reparti delle Totenkopf che avanzavano nella steppa ghiacciata si snodavano per decine di chilometri e le comunicazioni erano mantenute con il comando tramite la radio. Nel pomeriggio del 26 febbraio il comando del reggimento corazzato mancò di collegarsi con la radio al comando di divisione per un guasto all'apparecchio trasmittente.

Il silenzio radio preoccupò Eicke che, come sua abitudine, volle constatare di persona la situazione in prima linea. Per queste eventualità al comando divisione era disponibile un piccolo ricognitore a decollo corto il Fieseler Fi 156 Storch (cicogna), con esso Eicke decollò intorno alle 4:30 del pomeriggio dirigendosi verso il piccolo villaggio di Michailovka dove fu avvistata una compagnia del reggimento corazzato delle SSTK. Lo Storch si abbassò con una lunga virata per atterrare non avvedendosi dei numerosi soldati russi trincerati a meno di un chilometro dalle linee delle SS nel villaggio d'Artelnoje i quali non appena ebbero il piccolo aereo a portata di tiro lo bersagliarono con numerose armi leggere che colpirono il ricognitore a mezz'aria abbattendolo. L'aereo precipitò in fiamme nella terra di nessuno, dando il via ad una battaglia per impossessarsi del corpo di Eicke. Le SS tentarono più volte di raggiungere il relitto con all'interno il loro comandante ma vennero respinti dal tiro delle mitragliatrici russe, col calar delle tenebre il combattimento s'interruppe nell'attesa di rinforzi mentre la notizia della morte di Eicke si stava già spargendo tra le Totenkopf, raggiungendo Hitler nel suo quartier generale in Ucraina a Winniza nelle prime ore del giorno successivo. La mattina, passate da poco le cinque, le SS del reggimento corazzato rinnovarono l'assalto con due cannoni d'assalto e tre panzer che appoggiarono una compagnia motociclisti al comando del Hauptsturmführer Lino Masserie, grazie anche alla copertura dell'artiglieria i granatieri delle SS occuparono in breve tempo il villaggio di Artelnoje riuscendo infine a recuperare i resti carbonizzati di Eicke, di un suo aiutante e del pilota. Intransigente e fanatico, convinto nelle sue idee, la sua perdita fu un duro colpo per la Totenkopf, soprattutto per le sue qualità organizzative, malgrado la sua spietatezza i suoi soldati rimpiansero il loro comandante per la sua abitudine a condividere con loro i rischi della prima linea, mangiando lo stesso rancio e dormendo nelle loro stesse trincee, come capitò tra le paludi ghiacciate di Demjansk.

La mattina del 27 febbraio del '43 il corpo carbonizzato di Eicke viene trasferito nelle retrovie in autoambulanza dopo essere stato conteso in un aspra battaglia poche ore prima.

Theodor Eicke con il grado di SS-Gruppenführer. Oltre alla Croce di Cavaliere con Foglie di Quercia e Diamanti egli porta, sul lato sinistro della giacca, la Croce di Ferro di Prima Classe, il distintivo per gravi ferite riportate in combattimento e lo stemma dorato del partito nazista.

La tomba di campo del generale Eicke

Nei primi mesi di guerra aveva sopperito all'inesperienza come ufficiale e comandante di divisione con l'aggressività all'attacco e la fermezza nella difesa, impiegando molte delle sue energie ad apprendere i metodi della moderna guerra meccanizzata, aveva inoltre la dote di mantenere i nervi saldi nelle situazioni più delicate riuscendo a galvanizzare i suoi sottoposti nei momenti difficili con un atteggiamento sempre aggressivo nei confronti del nemico.

Eicke all'interno delle gerarchie naziste godeva di una certa indipendenza. Oltre ad aver organizzato i primi campi di concentramento, la sua fedeltà al Führer era indiscussa, ma, nel contempo, era geloso della sua autonomia all'interno della sua organizzazione non ammettendo interferenze dal partito o da chiunque altro. Come un potente vassallo del medioevo leale e fedele fino alla morte verso il suo signore della guerra, ma, nel frattempo libero d'agire sui suoi domini.

E proprio come un antico sovrano germanico venne seppellito dai suoi soldati mediante l'antico rituale pagano, utilizzato anche per Heydrich ucciso l'anno prima a Praga. La tomba di Eicke venne posta vicino al villaggio di Otdochchnina ma durante la ritirata dalla Russia nel settembre dello stesso anno il corpo di Eicke venne trasferito verso occidente, nel cimitero militare di Hegewald presso la cittadina di Zhitomir e lì lasciato quando i Russi rioccuparono l'Ucraina nel 1944.

Le gerarchie naziste accolsero la notizia della morte di Eicke con sentimenti contraddittori, alcuni detestavano Eicke per la sua autonomia e concorrenza nella lotta al potere, pochi erano i colleghi sinceramente amici al di fuori della sua divisione. Altri come Hitler rimpiansero le doti organizzative di Eicke. In sua memoria il reggimento corazzato delle Totenkopf venne dedicato a suo nome distribuendo la relativa fascetta da polsino con il nome "Theodor Eicke", mentre, in patria, numerosi furono i necrologi funebri ufficiali carichi di retorica: rappresentavano la morte di Eicke, al momento della decisiva vittoria della sua divisione nella battaglia d'annientamento delle forze russe che minacciavano di eliminare quello che rimaneva del Gruppo Armate Sud.

Il comando della divisione tornò ad uno dei fedelissimi di Eicke, che già aveva guidato la SSTK con successo nelle battaglie intorno a Demjansk, e cioè Max Simon.

Nel frattempo la prima fase della battaglia, nelle steppe ghiacciate, andava esaurendosi e ai primi di marzo il cuore della 6° armata russa era stato distrutto. Le perdite nella SSTK tra soldati e ufficiali erano state modeste mentre il materiale catturato ai Russi era ingente simile a quello delle prime vittorie durante l'operazione "Barbarossa". I carri distrutti o catturati dalle divisioni di Hausser furono ben 615 e 600 cannoni anticarro con la cattura di soli 9000 prigionieri e 23000 morti rivendicati dal Gruppo Armate Sud. A questo si aggiungevano enormi quantità di viveri ed equipaggiamenti presi ai Russi. La Stavka nel tentativo di bloccare ogni ulteriore avanzata su Kharkov distaccò un intero corpo d'armata dalla 3° armata corazzata. Questi prese posizione a sud della città portandolo direttamente nella trappola tedesca. Il comandante del 1° SS Panzer-Korps Hausser, avvedendosi della manovra russa mandò la divisione Leibstandarte a nord ovest della città bloccando i Russi alle spalle mentre la Das Reich e la SSTK erano pronte a piombare sulla città contesa.

Hausser, celebre tra i suoi soldati come il "generale dall'occhio bendato" per l'occhio perso in battaglia tempo prima, era uno dei generali più esperti nella guerra di movimento, riuscì a chiudere la tenaglia sulle forze russe, nonostante i loro ripetuti sforzi di aprirsi un varco contro le guardie di Hitler che con i loro carri Tigre e i cannoni d'assalto respinsero ripetutamente gli attacchi dell'Armata Rossa, eliminando così gli ultimi ostacoli per la riconquista di Kharcov.

Per evitare le pesanti perdite causate dal combattimento casa per casa, come era avvenuto a Stalingrado, Manstein decise di circondare l'importante città e catturarla

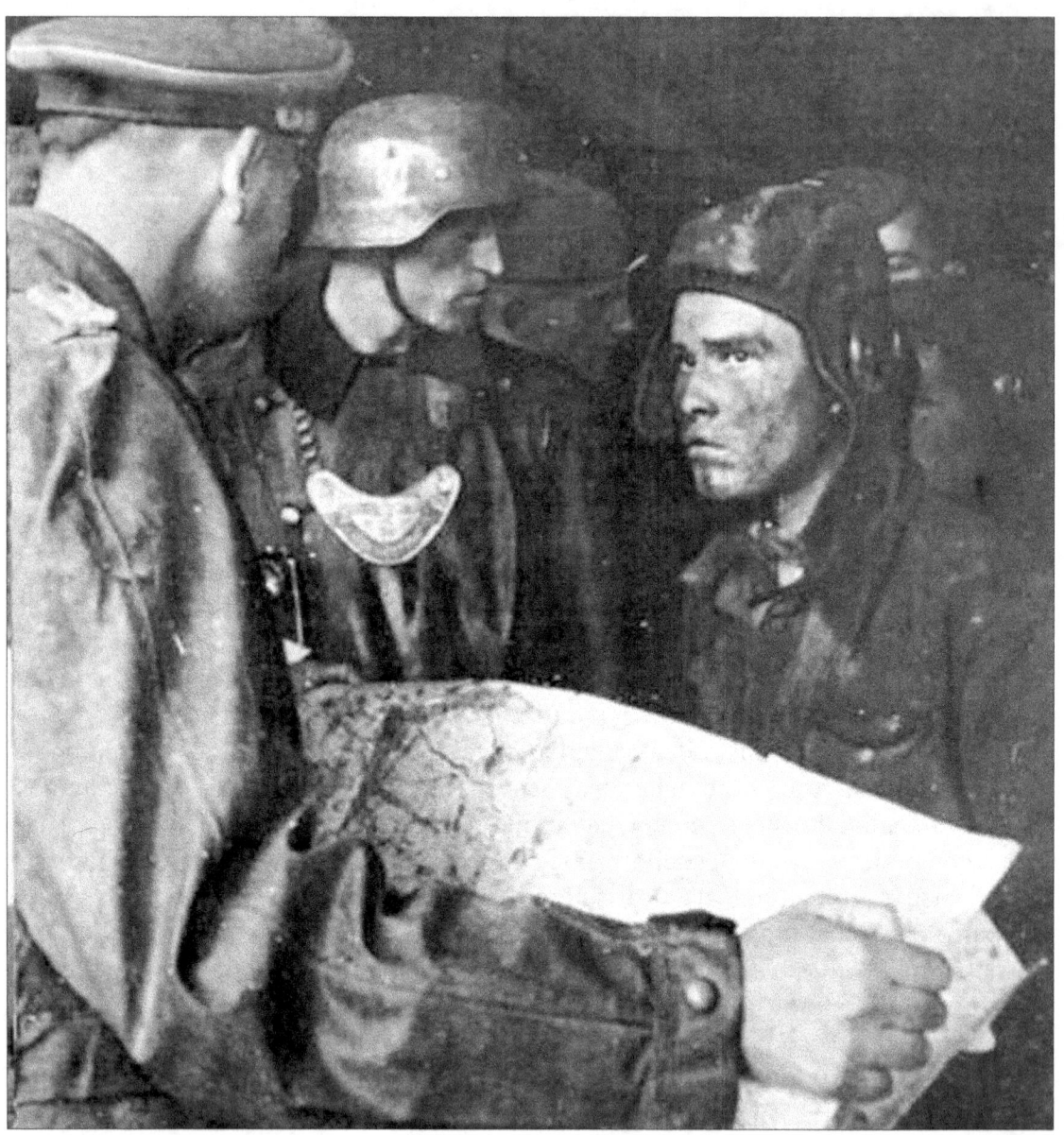

Carrista russo catturato dalle SS.

dopo un assedio. La Totenkopf con la Das Reich ebbe il compito di bloccare la città a nord e a ovest ad est del fiume Donec incontrando solo una debole resistenza.

Hausser però non si poteva accontentare di circondare la città e aspettare. Conscio anche dell'alto valore simbolico di Kharkov lanciò le sue forze alla conquista della Piazza Rossa, cuore della città, malgrado il parere contrario di Hoth, suo diretto superiore come comandante della 4° armata Panzer. L'attacco fu lanciato il 9 marzo dalla Leibstardarte e dalla Das Reich mentre la SSTK fu lasciata di riserva, distaccandone solo un battaglione l'11 marzo nella riconquista della città.

La battaglia che seguì fu particolarmente feroce con i Russi che si difendevano casa

Soldato delle SS con la popolazione civile sul fronte orientale. I rapporti con la popolazione, soprattutto non di origine Russa, erano spesso cordiali.

per casa e che avevano interrato molti carri T-34 nei seminterrati delle case del centro, decisi a difendersi fino alla fine. I reparti delle SS indifferenti alle perdite facevano a gara tra loro per occupare la Piazza Rossa che fu infine conquistata il 15 marzo, dopo tre giorni di durissimi combattimenti nel centro della città mettendo fine alla battaglia. Le perdite tra le SS furono alte, ben 11500 tra morti e feriti, la Totenkopfdivision però non venne impiegata direttamente nella riconquista della città, il suo compito principale fu la conquista di un ponte sul Donec a nord di Kharkov nel villaggio di Chugujev e le sue perdite furono pertanto modeste rispetto le altre due divisioni di Hausser. I combattimenti a Chugujev portarono alla sostanziale distruzione della 25° divisione fucilieri delle guardie che cercò inutilmente di aprirsi un varco nella trappola tedesca prima di essere fatta a pezzi.

Per consolidare le conquiste fatte e ristabilire la linea del fronte Hoth ordinò a Hausser e alle sue forze corazzate di attaccare la città di Belgorod 50 km a nord est di Kharkov che costituiva una minaccia a causa della sua testa di ponte sul Donec.

Il 18 marzo l'intero panzer Korps al completo attaccò le posizioni sovietiche annientando la loro testa di ponte sul Donec conquistando la città.

La controffensiva tedesca era costata forti perdite alla Leibstandarte e alla Das Reich, meno gravi erano i danni subiti dalla SSTK che, a parte la morte del suo comandante, manteneva sostanzialmente intatta la propria potenza di fuoco.

Queste vittorie, attribuite principalmente al valore del corpo corazzato delle SS, all'esatta valutazione della situazione del campo di battaglia da parte di Hausser e l'abilità nel comando di Manstein, consentirono di ristabilire una situazione che, dopo la sconfitta di Stalingrado, sembrava gravemente compromessa e minacciava di spazzare via le restanti forze tedesche sul fronte della Russia meridionale. Successivamente a questi scontri, il fronte cadde in una lunga stasi dovuta alla stanchezza dei contendenti ma ora i Tedeschi avevano ripreso l'iniziativa e si prepararono per una grande offensiva estiva a partire dalle posizioni conquistate.

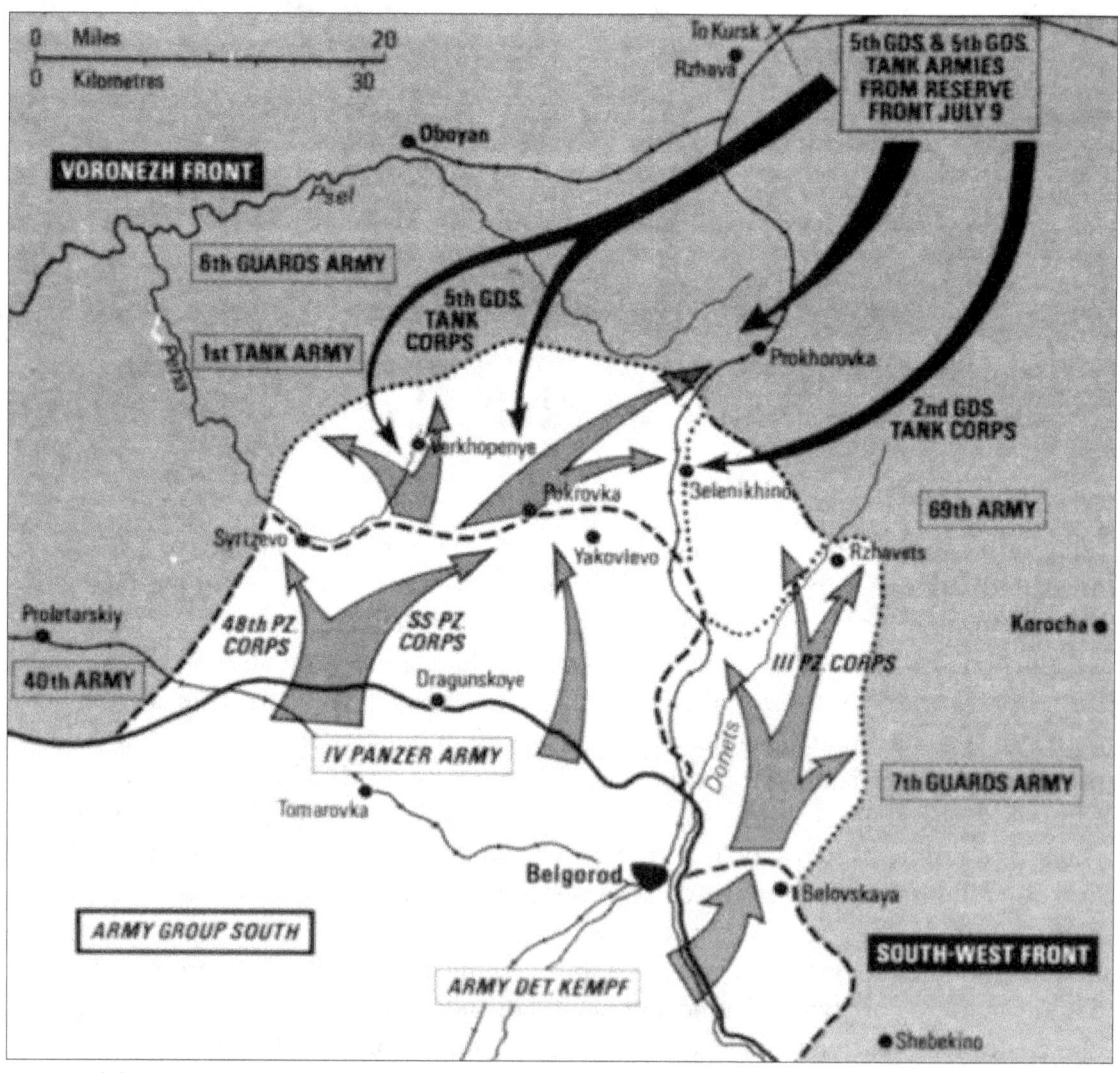

Mappa del settore meridionale della battaglia di Kursk. La Totenkopfdivision faceva parte dell'SS Panzer Korps. (Mappa da Onwar.com)

LOberturmführer Walter Gerth con la Ritterkreuz concessa il 31 marzo del 1943 per la condotta al comando del reggimento corazzato d'artiglieria nella battaglia di Kharkov.

XI

Kursk

Nella successiva primavera il fronte rimase calmo e alla Totenkopfdivision fu assegnato il compito di presidiare la città di Belgorod dove le SS trascorsero un periodo tranquillo nella attesa dell'offensiva estiva.

Il saliente che si era formato con al centro la città di Kursk, rappresentava il punto più logico per i Tedeschi dove scatenare l'offensiva. Un attacco ai fianchi avrebbe permesso di circondare i Russi in una grande sacca dove poi sarebbero stati annientati. Per questo il comando tedesco sfruttò la pausa primaverile mettendo a punto la sua macchina bellica accelerando la produzione nelle fabbriche dei nuovi carri Tigre, Pantera e Ferdinand. Anche i Russi erano ben consci della minaccia in quel settore, grazie anche ad un efficiente servizio d'informazioni che permetteva loro di seguire tutte le mosse del comando tedesco.

All'importante offensiva venne dato il nome di Zitadelle (cittadella) in riferimento alla città di Kursk che, come noto, non venne mai raggiunta né interessata nei violenti combattimenti che si succedettero.

Le braccia della tenaglia erano composte a nord dalla 9° armata del generale Model appartenente al Gruppo Armate Centro dipendente dal Feldmaresciallo von Kluge le cui forze avevano il compito di mantenere fermo il fronte centrale del saliente. Il terreno era dominato dalla steppa con rari alberi sparsi e il suo terreno brullo che la pioggia trasformava spesso in un pantano, le grandi zone boscose lambivano solo il lato settentrionale del saliente.

Manstein al comando del Gruppo Armate Sud avrebbe attaccato il fianco meridionale del saliente con la 4° armata panzer di Hoth all'interno del quale vi era sempre Hausser con le solite tre divisioni delle SS che adesso avevano preso la denominazione di 2° SS Panzer-Korps, poiché Hitler, favorevolmente colpito dalla vittoria di Kharkov, aveva deciso la creazione di tre nuovi corpi corazzati delle SS. L'armata di Hoth contava anche il 48° Panzer-Korps e il 52° corpo di fanteria, all'interno di queste unità vi erano alcune tra le migliori unità dell'esercito tedesco come la divisione Panzergrenadier Grossdeutschland, ciò dimostra l'importanza che veniva data all'attacco nel settore meridionale.

I Russi sfruttarono la tregua primaverile fortificando in profondità il fronte del saliente

con ben otto linee difensive con fossati controcarro e reticolati realizzati con l'aiuto di ben 300.000 civili reclutati per l'occasione, numerosissimi anche i pezzi controcarro disposti a difesa ma soprattutto furono realizzati vasti campi minati che durante la battaglia svolgeranno un importante ruolo nel ritardare l'avanzata tedesca.
Con l'avvicinarsi dell'offensiva, i Russi schierarono nel settore del saliente più di due milioni di uomini perfettamente equipaggiati.

Hermann Priess comandante della Totenkopf durante la battaglia di Kursk. Guidò poi la divisione durante le fasi critiche dell'inverno successivo.

Postazione telefonica delle SS.

Nel settore meridionale l'armata di Hoth doveva confrontarsi con ben tre armate di fanteria; la 6°, la 69° e la 7° armata della Guardia, più la 1° armata d'assalto corazzata, in riserva veniva lasciata la potente 5° armata corazzata della Guardia.

Dopo molti rinvii e indecisioni l'operazione Zitadelle scattò alle 3:15 di notte il 5 luglio '43 con il previsto attacco simultaneo da nord e da sud, in quest'ultimo settore l'avanzata si svolse sotto un violento temporale seguito ad una giornata calda e afosa. La Stavka si aspettava l'attacco tanto che aveva cominciato un violento tiro di contropreparazione già la sera del 4 luglio su tutto il fronte, mentre l'armata di Hoth aveva effettuato un allineamento preliminare già alle 15:00 del 4 luglio conquistando alcune colline strategiche che dominavano le posizioni russe, in particolare venne impegnata la Grossdeutschland in questi duri scontri preliminari.

La SSTK era schierata sul fianco destro del 2° SS Panzer-Korps ma anche all'estrema destra della 4° armata. In questa posizione doveva avanzare alla stessa velocità delle altre due divisioni delle SS e proteggere inoltre il loro fianco. Lo stesso giorno la SSTK si ritrovò a ridosso delle linee più densamente fortificate che ebbero mai modo di vedere durante la guerra.

I Russi attendevano l'attacco tedesco e offrirono un accanita resistenza, malgrado ciò le loro prime linee vennero travolte dalle SS grazie anche all'appoggio aereo che martellava le linee e le retrovie sovietiche con aerei d'assalto Stuka che utilizzavano il nuovo cannone anticarro da 37 mm nel cui uso fu maestro il famoso asso Hans-Ulrich Rudel.

Il primo giorno l'avanzata fece notevoli progressi soprattutto nel settore del corpo corazzato di Hausser. La Totenkopf venne a contatto con la 52° divisione delle guardie che si difendeva sul primo livello di trincee. Le compagnie di granatieri attaccarono con la copertura dei carri Tiger e Panther riuscendo così a conquistare il villaggio di Yakhontovo sede avanzata del comando della 69° armata. Anche il secondo giorno l'avanzata del 2° SS Panzer-Korps fece notevoli progressi nonostante l'accanita difesa russa e le perdite subite.

Solo gli estesi campi minati minacciavano di rallentare l'avanzata nel clima afoso e umido di quei primi giorni di luglio. Per eliminare le mine furono impegnati i genieri in rischiose operazioni di bonifica, i quali per sveltire le procedure di sminamento utilizzarono anche i piccoli carri teleguidati Goliah che, carichi con mezza tonnellata d'esplosivo quando venivano fatti brillare provocavano la distruzione delle mine per simpatia nel raggio di 50 metri, con questi metodi si riuscì ad aprire delle brecce nei numerosi e profondi campi minati. Nelle prime fasi dell'offensiva Max Simon venne ferito e sostituito al comando della divisione dal SS-Brigadeführer Hermann Priess, un veterano della Totenkopfdivision.

La velocità dell'avanzata dei reparti delle SS rispetto ai loro camerati della Wehrmacht costrinse la SSTK a mantenere alcuni reparti a copertura del fianco destro che ora rischiava di rimanere scoperto. Malgrado questa diminuzione della forza d'attacco la Totenkopfdivision penetrò nelle difese sovietiche per quasi cinquanta chilometri verso nord portandosi alle spalle dei reparti russi che ancora combattevano l'esercito nelle prime linee difensive, la notte arrestò l'offensiva delle SSTK lungo la ferrovia che da Belgorod portava a Kursk. Quello stesso giorno le altre due divisioni delle SS avevano dovuto respingere una serie di contrattacchi russi mentre ripulivano la prima linea difensiva appena conquistata.

I prigionieri nemici di quelle prime giornate di combattimenti furono migliaia così come numerosi furono i mezzi distrutti e l'equipaggiamento abbandonato infondendo negli assalitori l'idea di un esercito in rotta.

In realtà le SS non avevano ancora affrontato il grosso dell'esercito sovietico che si materializzò il giorno dopo in forma della 1° armata corazzata, la quale tentò d'infilarsi nello spazio tra il fianco sinistro del corpo di Hausser e i suoi vicini dell'esercito ancora impegnati sulle prime linee russe. Per far fronte a questa minaccia venne impiegata la Leibstandarte mentre la SSTK trascorse l'8 luglio in attesa della 167° divisione di fanteria, il cui compito era di sostituire la SSTK sul fianco destro di Hausser lasciando la divisione SS libera nel suo compito offensivo. Lo stesso giorno il comando russo ordinò al 2° corpo d'armata corazzato di attaccare il fianco destro del 2° SS Panzer-Korps di Hausser.

Per loro sfortuna l'attacco sovietico venne intercettato dagli aerei d'assalto della Luftwaffe che distrussero molti dei T-34 assalitori i cui superstiti vennero definitivamente annientati una volta a tiro dei cannoni delle Totenkopf, sventando così ogni minaccia sul fianco destro di Hausser per quel giorno.

Panzergrenadier della Totenkopf durante la battaglia di Kursk. Il soldato in primo piano porta appesa al collo una maschera mimetica di tela usata in modo limitato dai cecchini tedeschi a partire dall'aprile del 1942.

Il generale Hoth (al centro) comandante della 4° Armata Panzer a Kursk.

Prigionieri russi vengono medicati da soldati delle SS di un reparto meccanizzato. L'equipaggiamento militare dei russi migliorò molto nel corso della guerra mentre, il loro coraggio quasi suicida, si mantenne inalterato fino alle ultime battaglie della guerra.

Soldati della Totenkopf durante una pausa dei combattimenti a Kursk.

Il giorno 9 luglio la SSTK venne di nuovo lanciata all'assalto con le altre due divisioni SS, il loro obiettivo era la cittadina di Prokhorovka. Le unità tedesche si trovarono ad attaccare una quantità impressionante di capisaldi e linee trincerate munite di numerosi cannoni controcarro e nidi di mitragliatrici, senza contare i numerosi bunker, i fossati anticarro e vasti campi minati. Il 10 luglio le difese russe cominciarono a cedere all'assalto delle SS e nel pomeriggio di quello stesso giorno il 3° battaglione del 1° reggimento Panzergrenadier al comando dello Standartenführer Karl Ullrich ripuliva l'ultimo bunker nel suo settore, guadando il fiume Psel, ultimo ostacolo naturale tra la 4° armata corazzata e Kursk, stabilendo una testa di ponte sulla riva nord. Un ottimo risultato per le armate di Manstein che ora potevano attaccare alle spalle le forze russe nel saliente.

Rendendosi ben conto della grave minaccia il generale Vatutin comandante sovietico del Fronte Voronezh, cioè l'area interessata dall'offensiva meridionale germanica, decise di impiegare tutte le sue riserve per tamponare la falla apertasi nel suo schieramento. Ordinò così alla 5° armata corazzata delle guardie d'attaccare il 2° SS Panzer-Korps, per assicurarsi il successo richiese al confinante Fronte delle Steppe altri due corpi d'armata corazzati che gli vennero subito concessi. Questo indica l'alta considerazione in cui la Stavka teneva le tre divisioni SS.

Lo scontro tra le due imponenti armate corazzate avanzanti avvenne a metà mattinata del 12 luglio e rappresentò il picco della battaglia di Kursk.

Il Panzer-Korps di Hausser avanzava con i carri armati in testa in formazione a cuneo, detta Panzerkeil, con il reggimento corazzato della Leibstandarte al centro, quello

Carri armati Tiger del battaglione corazzato della Totenkopf.

Carro PzKpfw III della Totenkopf seguito da un mezzo blindato SdKfz 251 sul cui muso anteriore si può intravedere il simbolo della divisione.

della Das Reich sulla destra mentre i carri della Totenkopf erano posizionati sulla sinistra, con i carri pesanti Tigre che avanzavano al centro e i carri medi Pzkfw III e IV procedevano sui fianchi e quelli leggeri dietro. Queste unità vennero a contatto con le migliori divisioni della guardia rossa in una piccola area di forma triangolare delimitata dal piccolo villaggio di Vesely ad occidente, mentre a nord vi era il Prokhorovka, da cui il nome della battaglia, subito a sud vi era il fiume Psel e la ferrovia Belgorod-Kursk ad est, in tutto cinque chilometri quadrati. Contro i 273 tra carri armati e cannoni d'assalto i Russi mettevano in campo ben 850 tra T-34 e semoventi SU-85 (quest'ultimi dal peso di 43 tonnellate con obici da 122 o 152 mm) appartenenti a ben sette corpi corazzati delle guardie.

I Russi approfittarono subito dello spazio ristretto del campo di battaglia per gettarsi direttamente sull'avversario, impedendo ai carri tedeschi di manovrare e sfruttare il loro miglior armamento e corazzatura. Il combattimento si fece subito violentissimo con i contendenti avvinghiati tra loro impegnati in manovre caotiche nella piana di Prokhorovka ormai nera dal fuoco e dal movimento disperato dei carri armati. Lo scontro divenne presto individuale ed ogni carro pensava per sé sparando salve a bruciapelo contro i carri nemici.

In questa situazione la pesante blindatura dei carri Tigre non dava più alcuna sicurezza e le torrette dei carri esplodevano staccandosi dallo scafo quando venivano colpite. La violenza della battaglia era tale che quando venivano finite le munizioni si cercava

La fotografia presa durante la battaglia di Kursk mostra a sinistra Otto Baum e a destra Karl Ulrich, due dei migliori soldati della divisione in quel momento. Baum si era già distinto a Demjansk tenendo aperta la vitale strada dei rifornimenti, egli raggiunse presto il grado di SS-Brigadeführer (Brigadiere) comandando la 17° divisione delle SS Gotz von Berlichingen e successivamente la 16° divisione SS Reichsführer all'età di 33 anni, divenendo anche uno dei soldati più decorati delle SS.

di speronare il carro avversario e a volte capitava che i carri russi si lanciassero in attacchi suicidi scontrandosi con i carri tedeschi nel tentativo di far esplodere il bidone di carburante supplementare posto sul loro carro. Intanto sopra le loro teste violentissimi duelli aerei si svolgevano per la supremazia aerea in un cielo dominato da cumulonembi pronti a scaricare violenti temporali sui contendenti.

Per otto ore quella che sarebbe stata la più grande battaglia tra carri della storia continuò violentissima. Sul fianco sinistro il reggimento corazzato "Theodor Eicke" della Totenkopf al comando di Hellmuth Becker combatteva disperatamente sulla sponda settentrionale del fiume Psel cercando di rimanere in contatto con il resto della sua divisione che nel frattempo era sottoposta all'attacco di ben due corpi d'armata; il 31° corazzato delle Guardie e il 33° fucilieri delle Guardie.

Posti sulla difensiva i granatieri della SSTK si rifiutarono di cedere ogni ben che minimo guadagno di terreno all'avversario, difendendosi dalla massa attaccante dei soldati russi con la nuova mitragliatrice MG-42, che i Russi avevano soprannominato la "sega di Hitler" per l'alta cadenza di tiro che apriva enormi vuoti tra le fanterie russe. Quando una posizione era occupata dai sovietici le SS partivano subito al contrattacco dando il via a feroci combattimenti ravvicinati.

A sera la battaglia di carri cessò lasciando oltre 700 carri fumanti sul terreno ma nei giorni successivi la controffensiva sovietica continuò con rinnovato vigore concentrandosi nel settore delle Totenkopf con un rapporto a favore dei Russi di quattro a uno sia nei carri che nella fanteria. Molti furono gli episodi di valore, tra tutti quello dell'Hauptsturmführer Ernst Dehmel al comando del battaglione dei carri semoventi d'assalto che prima di restare gravemente ferito riuscì a distruggere ben 47 carri nemici in due giorni di combattimenti con il suo carro d'assalto StuG III.

Nel tardo pomeriggio del 14 l'attacco sovietico non aveva fatto alcun progresso e la sera stessa i Russi interruppero ogni attacco lasciando i Tedeschi padroni del campo. Tra le tre divisioni delle SS impegnate nella battaglia la Totenkopfdivision fu quella a soffrire il maggior numero di perdite lasciando sul terreno più della metà tra carri armati e veicoli costringendo la divisione ad un lungo periodo di riposo nelle retrovie dopo la battaglia, in totale il 2° SS Panzer-Korps su 500 carri armati a sua disposizione all'inizio di luglio ne aveva persi ben 220. Lo stesso giorno che si verificò la battaglia di carri a Prokhorovka i Russi attaccavano anche il fianco del braccio della tenaglia a nord costringendo la 9° armata di Model sulla difensiva dopo che era avanzata di soli 20 chilometri. Queste informazioni dal campo di battaglia più la notizia dello sbarco Alleato in Sicilia il 10 luglio fecero decidere ad Hitler di cancellare l'operazione Cittadella il giorno 13 anche contro il parere negativo di Manstein che con il corpo corazzato di Hausser era quello che maggiormente era penetrato nelle difese sovietiche. Hitler permise a Manstein di proseguire da solo e senza rifornimenti nell'offensiva ma, alla mancanza di progressi rilevanti, venne fermato definitivamente il 16 luglio togliendogli anche delle truppe per il fronte italiano.

Hitler ordinò alle sue armate di ritirarsi sulle posizioni di partenza precedenti l'offensiva e di schierarsi sulla difensiva, la battaglia poteva ormai dirsi conclusa e nonostante i Russi avessero ottenuto una vittoria solo parziale da questo momento in poi l'iniziativa sarebbe passata per sempre nelle loro mani.

Più che la sconfitta a Stalingrado la battaglia di Kursk rappresenta il vero spartiacque nella guerra. D'ora in avanti i Tedeschi si sarebbero solo difesi.

Hitler decise di mandare in Italia tutto il 2° SS Panzer-Korps ma ritenendo poi necessaria una potente formazione d'élite sul fronte sud della Russia, necessaria a bloccare eventuali cedimenti del fronte, decise di trasferire solo la sua guardia e cioè la Leibstandarte. La sconfitta di Kursk fu per le SS una vittoria poiché, dopo la vittoria di Kharkov, confermò ad Hitler il valore guerriero di queste formazioni delle SS, al contrario della Wehrmacht a cui attribuiva uno scarso spirito aggressivo causa dei recenti insuccessi. Da quel momento le divisioni delle Waffen SS cominciarono a moltiplicarsi e molti uomini, veterani delle vecchie divisioni delle Waffen SS, vennero dispersi nei posti chiave delle altre divisioni in via di formazione. Accadde così che alcuni soldati della Totenkopfdivision venissero promossi e trasferiti per mezza Europa al comando dei nuovi reparti delle SS.

T-34 distrutto dai granatieri delle SS. Il soldato appoggiato al carro ha in mano una mina Teller anticarro.

Cannone anticarro da 75 mm della Totenkopf durante la battaglia di Kursk.

Annuncio funebre di un SS-Unterscharführer cattolico appartenente ad un reggimento granatieri della Totenkopf, caduto in Russia nel settembre del 1943. Non tutti i soldati della divisione Totenkopf avevano abbandonato la religione cristiana.

Mitragliere della Totenkopf durante la battaglia di Kursk.

XII

La lunga ritirata

La controffensiva russa che seguì la battaglia di Kursk non si fece attendere. La Stavka utilizzando le truppe fresche del generale Malinovsky attaccò il 25 luglio nel settore meridionale del fronte russo lungo il basso Donec travolgendo le linee trincerate di Manstein lungo il fiume Mius. Hitler per tamponare la falla impiegò la SSTK e la Das Reich con il 3° Panzer-Korps, che contava due divisioni corazzate la 16° e la 23°, a sud di Stalino dove avevano l'ordine di bloccare l'avanzata sovietica.
A partire dal 30 luglio in tre giorni di violenti combattimenti difensivi le forze tedesche riuscirono a stabilizzare il fronte almeno temporaneamente.
Il successivo attacco dell'Armata Rossa a nord tra Belgorod e Orel aprì un'altra falla nella difesa tedesca. A questo punto il trasferimento in Italia della Totenkopfdivision era fuori discussione e con la Das Reich venne trasferita a nord di Stalino per rinforzare lo schieramento difensivo di Kharkov.
L'offensiva sovietica su Belgorod impegnava il Fronte del Voronezh del generale Vatutin congiunto a quello delle Steppe per un totale di ben cinque armate che forniva ai Russi la superiorità nei mezzi, carri armati e cannoni, di sei a uno.
L'attacco si concentrò nel punto di congiunzione tra la 4° armata panzer di Hoth e il distaccamento d'armata Kempf (Armee Abteilung Kempf) una forza mista di reparti meccanizzati e fanteria che si trovava sul fianco destro dell'armata di Hoth.
Il 5 agosto i Russi presero Belgorod aprendo una breccia di 50 chilometri nelle linee tedesche spingendo le loro formazioni corazzate verso ovest passando a nord di Kharkov. Le forze di Vatutin piegarono poi a sud ovest verso Poltava nel chiaro tentativo di accerchiare le armate di Manstein alle spalle. Questi intuendo le mosse del nemico impiegò le due divisioni del 2° SS Panzer-Korps per fermare l'attacco russo ad ovest di Kharkov sul fiume Dnepr nel tentativo di impedire ai Russi di piegare verso sud e circondare così Kharkov e la forza di Kempf che la difendeva.
A questo scopo la SSTK si trincerò a sud della città di Akhtyrka nell'attesa della massa dell'attacco nemico che si profilava da nord-est. Le tattiche della difesa ad oltranza impiegate dall'esercito tedesco a quei tempi ed anche dalle SS, erano basate su tre linee di difesa; una prima linea avanzata difesa da pochi uomini appostati con nidi di mitragliatrici e artiglieria anticarro, una seconda linea detta linea principale lontana

dagli osservatori dell'artiglieria nemica, da questa linea sarebbero dovuti partire i contrattacchi per rioccupare i capisaldi della prima linea. Infine vi era una terza linea difensiva detta di "riserva" con unità incaricate di contrattacchi coordinati nel caso la linea principale fosse caduta in mano nemica. Nei primi giorni di un torrido agosto e per un intera settimana i granatieri delle SS respinsero tutti gli attacchi nemici, che si trovavano ormai lontani dalle loro linee di rifornimento iniziali, impedendo ai fanti russi e ai loro mezzi corazzati di passare il Dnepr.

La pressione su Kharkov si manteneva comunque molto forte e il 16 agosto Kempf decise di abbandonare la città contro il parere di Hitler che aveva dato ordine di conservare Kharkov a tutti i costi.

Per la perdita di Kharkov Kempf venne rimosso dal comando della sua armata, la quale venne rinominata 8° armata e assegnata al generale Otto Wohler con l'incarico di ristabilire una linea del fronte ad occidente di Kharkov. Compito che portò a termine con successo utilizzando anche le due divisioni delle SS in contrattacchi locali dal 15 al 20 agosto contro le punte avanzanti di Vatutin. La SSTK in quei giorni di feroci combattimenti rivendicò la distruzione di tre divisioni di fucilieri sovietiche più quella di una brigata corazzata con la cattura di ben 1611 prigionieri. Ancora una volta le due divisioni SS del 2° corpo corazzato avevano salvato una situazione che sembrava ormai disperata, conseguendo una ennesima vittoria contro gli odiati nemici. Negli scontri anche le forze partigiane rinnovarono i loro attacchi scatenando la furia devastatrice delle SS che compirono numerose rappresaglie, in particolare la Totenkopf venne accusata dell'omicidio di ben 10000 civili nella zona di Kharkov, cosa che portò i Russi ad ordinare la condanna a morte di molti ufficiali e sottufficiali delle SS catturati durante i mesi successivi.

Malgrado la vittoria Manstein riteneva indispensabile accorciare ulteriormente il fronte e dopo un incontro con Hitler venne deciso di ritirare le sue due armate, la 4° e l'8°, ad ovest del fiume Dnepr. La ritirata si svolse ordinatamente a partire dal 15 settembre con la copertura della SSTK e della Das Reich, presto negli scontri di retroguardia si aggiunse anche la Grossdeutschland. La pressione russa era tornata a farsi sentire durante la ritirata ma grazie agli sforzi di queste divisioni d'élite il grosso delle forze tedesche riuscì ad attraversare il fiume Dnepr con tutti i loro mezzi.

Per gli stanchi uomini delle SSTK le nuove posizioni sul Dnepr non offrirono nessuna tregua. Infatti, ai primi d'ottobre un nuovo attacco della Stavka aveva interessato la grande ansa che il Dnepr effettuava tra le città di Kremenchung e Zaporozhje a nord delle posizioni della SSTK. I Russi riuscirono a creare delle teste di ponte sul Dnepr nelle due cittadine di Kremenchung e Zaporozhje approfittando della estrema debolezza delle linee tedesche in quei punti. L'attacco era sferrato dal nuovo e appena organizzato Fronte Ucraino del Maresciallo Ivan Konev che, forte di ben sei armate, dalla testa di ponte di Kremenchung cominciò a minacciare sia il fianco destro dell'8° armata di Wohler sia il fianco sinistro della 1° armata corazzata del generale Hans Hube. Infatti, le colonne russe si gettarono nella breccia aperta verso la strategica

L'SS-Hauptsturmführer Erwin Meierdrees comandante del 1° Battaglione del Reggimento Panzer della Totenkopf nel novembre del 1943. Meierdrees decorato con la Croce di Cavaliere con Foglie di Quercia verrà ucciso in battaglia in Ungheria il 4 gennaio del '45.

città di Krivoi Rog che oltre ad essere un importante nodo stradale e ferroviario che collegava le forze tedesche dislocate in Crimea era anche il principale deposito di materiale delle armate di Manstein e anche il suo quartier generale. Konev ansioso di catturare la città avanzò velocemente incontrando solo una debole resistenza da parte del provato 57° corpo d'armata tedesco.

Manstein per parare questa minaccia utilizzò il 40° Panzer-Korps del generale Ferdinand Schorner che contava la 14° e la 24° Panzer Division a cui venne aggiunta la Totenkopf più i resti della 9° e 11° Panzer Division e della 16° Panzergrenadier Division già duramente provate dalle battaglie precedenti. In tutto sei divisioni corazzate per fermare sei armate. Il 27 ottobre la SSTK attaccò le armate avanzanti di Konev sul fianco destro a nord di Krivoi Rog. Presi su un fianco da reparti corazzati le divisioni russe non seppero difendersi in modo adeguato mentre Konev, troppo impegnato nella sua avanzata, non si avvide della mortale minaccia che incombeva sulle sue armate.

In una settimana di scontri la SSTK da sola distrusse ben nove divisioni fucilieri mentre le armate di Konev persero ben 300 carri armati e la cattura di 5000 prigionieri costringendo i Russi a rinunciare alla conquista dell'importante città, costringendoli a ritirarsi sulle loro posizioni di partenza, evitando ai Tedeschi che combattevano a sud

Il "delfino" di Eicke, Max Simon mantenne il comando della divisione solo per un breve periodo di tempo. Egli guidò i combattimenti e le rappresaglie nei villaggi occupati dell'Ucraina. Successivamente, al comando della 16° divisione Reichsführer, operò in Italia centrale dove venne accusato di aver commesso numerose rappresaglie ai danni di civili.

Innesco di una mina teller

per difendere la Crimea il rischio di venire circondati. Ancora una volta la Totenkopfdivision aveva svolto un compito decisivo confermandosi nel ruolo di ancora di salvezza necessaria a puntellare un traballante fronte che, a causa dell'inferiorità numerica tedesca, faceva acqua da tutte le parti.

Nello stesso mese d'ottobre la Totenkopf venne rinominata come Panzer Division a cui venne assegnato il numero tre, ai due reggimenti panzergrenadier venne dato un numero progressivo che partiva dai reggimenti della prime due divisione delle SS, al 5° reggimento fu dato il nome di Thule come il primo reggimento panzergrenadier formato un anno prima, mentre al 6° reggimento venne assegnato il nome di Theodor Eicke mentre tutti gli altri reparti della divisione vennero nominati con il tre. A questa ristrutturazione nominale la divisione ricevette nuovi rimpiazzi ed equipaggiamenti e come comandante fu riconfermato Priess, mentre a Max Simon venne affidata la 16° SS Panzergrenadierdivision Reichsführer che, dall'ottobre del '43 e per un anno intero la guidò nella campagna italiana.

Tra il mese d'ottobre e quello di dicembre la divisone Totenkopf così ristrutturata rimase in posizione difensiva alle dipendenze della 1° armata Panzer di Hube, continuando a contrastare i reiterati attacchi sovietici verso la città di Krivoi Rog mantenendo nello stesso tempo la sponda destra del Dnepr, posizioni necessarie per mantenere la Crimea che era occupata dalla 17° armata.

A metà novembre Konev ritentò la conquista di Krivoi Rog che era mancata il mese prima. Egli attaccò il reparto più debole della 1° armata corazzata tedesca che secondo i Russi era rappresentato dalla 384° divisione di fanteria. Difatti i fanti tedeschi non riuscirono a bloccare i numerosi mezzi corazzati sovietici che aprirono una breccia nelle loro trincee.

Hube a questo punto pensò bene di utilizzare la SSTK per ricacciare i Russi da dove erano venuti essendo la Totenkopf la più forte divisione corazzata presente in quel settore al momento avendo ancora il 40% degli effettivi del reggimento corazzato, il 55% nel battaglione del genio e il 75% degli effettivi dell'artiglieria e con i battaglioni panzergrenadier in ottimo stato. Il 15 novembre il contrattacco nell'area vicino alla città di Bairak delle SS prese di sorpresa i Russi bloccandoli momentaneamente. I granatieri delle Totenkopf si trincerarono nell'area nell'attesa di altri attacchi che non si fecero aspettare. Infatti, tra il 18 e il 21 novembre Konev scatenò l'attacco con tutti i mezzi corazzati che aveva a disposizione, negli scontri di quei giorni la sola Totenkopf rivendicò la distruzione di ben 245 T-34. Anche questa volta l'avanzata nemica si doveva fermare per riorganizzarsi e rimpiazzare le pesanti perdite subite.

L'attacco fu ripreso da Konev a partire dal 25 novembre e per tre giorni e tre notti consecutive s'infranse contro i veterani della Totenkopf che, senza perdere la calma, facevano avanzare i T-34 accompagnati dalle loro fanterie.

Quando gli attaccanti erano abbastanza vicini le SS colpivano con precisione la fanteria d'accompagnamento con le mitragliatrici e le armi leggere, lanciando poi i cacciatori di carri, che ora potevano attaccare i carri armati russi avanzanti verso la seconda linea tedesca senza più la protezione della fanteria, essi usavano le nuove mine magnetiche Teller che venivano poste sullo scafo del carro armato o ricorrevano al più tradizionale esplosivo ad alto potenziale, infine i pochi carri superstiti che riuscivano a raggiungere la terza linea difensiva delle SS venivano finiti dai cannoni controcarro. Questo tipo di combattimenti proseguì per tutta una settimana prima che l'attacco sovietico si esaurisse ancora una volta.

Il fronte ritornò alla calma lasciando i sovietici impegnati a ricostituire le loro file per un nuovo attacco in forze che venne scatenato il 5 dicembre contro i resti della 384° divisione di fanteria che erano ancora in linea disposti all'estrema sinistra della 1° armata panzer. Lo scopo dei Russi era quello di aggirare l'armata corazzata tedesca, infatti, già il giorno 6 l'Armata Rossa si trovava al di là delle linee tedesche in terreno aperto minacciando d'interrompere i collegamenti ferroviari con Krivoi Rog. L'attacco russo al fianco della 1° armata di Hube si concretizzò nei dintorni del villaggio di Fedorovka, per risolvere questa crisi venne impiegata di nuovo la Totenkopfdivision in un contrattacco a sud di Fedorovka dove i granatieri nel loro impeto costrinsero i Russi sulla difensiva. Il 12 dicembre il generale Hube spostò la SSTK alle dipendenze del 57° corpo d'armata che stava preparandosi per un contrattacco a sorpresa, nel tentativo di riportare il fronte nelle posizioni precedenti l'offensiva russa del 5 dicembre. Nello stesso periodo il battaglione caccia carri composto di carri semoventi StuG venne riorganizzato e rinforzato.

Panther delle SS si muove su una distesa di fango sul fronte orientale alla ricerca di una preda. Il clima fu spesso avverso ai mezzi corazzati tedeschi.

Mezzo anfibio Schwimmwagen delle SS si muove sui fiumi dell'Ucraina.

Motociclisti della Totenkopf sfiniti dall'interminabile campagna.

L'attacco scattò il 19 dicembre con la Totenkopf e altre due divisioni panzer del 57° Panzer-Korps l'11° e la 13°. Ancora una volta i "vigili del fuoco" d'Hitler si distinsero guadagnandosi gli elogi degli alti comandi della Wehrmacht al loro comando.

Il fronte si stabilizzò di nuovo ma la Stavka organizzava, per la terza volta dall'inizio della guerra, la classica offensiva invernale.

Ai primi di gennaio Manstein ritirò la SSTK dalla prima linea della 1° armata panzer per inserirla nell'8° armata di Wohler. Insieme alla Grossdeutschland avrebbe attaccato il fianco sud sovietico che stava cercando di circondare parte delle forze di Wohler nella città di Kirovograd. Le due forze d'élite bloccarono le mosse sovietiche permettendo a Wohler di sganciarsi da Kirovograd in buon ordine salvando ancora una volta le forze tedesche da un probabile disastro.

Malgrado ciò la pressione russa si faceva sentire su tutto il fronte costringendo i Tedeschi a ritirarsi sempre più a occidente. Il fronte lungo il fiume Dnepr, ostacolo naturale contro gli attacchi da est, era ormai gravemente minacciato nella sua parte settentrionale, infatti, il 2° Fronte Ucraino di Konev, più volte respinto dalla SSTK, diresse la sua offensiva principale nel saliente di Cherkassy e coadiuvato dal 1° Fronte Ucraino di Vatutin intrappolò le forze tedesche in una grande sacca dove si svolse una gigantesca battaglia d'annientamento. Venne così deciso di abbandonare il Dnepr e la Crimea e ritirarsi su nuove linee in Ucraina sul fiume Bug, altra difesa naturale.

Il deposito di Krivoi Rog venne comunque evacuato per tempo senza lasciare nulla ai Russi. La ritirata dell'8° armata da Kirovograd verso il Bug richiese del tempo e durante tutto il mese di febbraio la Totenkopf combatté una serie di piccole ma feroci battaglie di retroguardia contro un nemico decisamente superiore in uomini e mezzi, anche dal cielo la supremazia russa incominciava a farsi sentire costringendo le SS a nascondersi nei boschi per evitare le incursioni aeree, boschi che offrivano anche una certa protezione dal rigido clima invernale.

Le forze tedesche di retroguardia combattevano di giorno mentre si ritiravano di notte con marce estenuanti su un terreno innevato e con razioni di cibo scarse.

La sproporzione delle forze in campo era così marcata che non fu possibile formare un fronte difensivo sul Bug ma si rese necessaria un ulteriore arretramento ad occidente sul fiume Dniester ai confini con la Romania.

L'urgenza nel creare una solida linea di difesa lungo il Dniester rese necessario il trasporto aereo della divisione da parte della Luftwaffe che l'11 marzo caricò gli uomini della SSTK sui suoi aerei da trasporto per aviotrasportarli dal Bug al Balta dove avrebbero formato il centro dell'armata difensiva lungo questo fiume, composta dalla 6° e 8° armata, proteggendo la ritirata e il ridispiegamento tedesco lungo il Dniester.

Anche questa nuova linea era però troppo lunga da difendere per le provate truppe germaniche, mentre l'avanzata delle truppe meccanizzate sovietiche era troppo veloce da permettere la realizzazione d'un efficace sistema difensivo. Durante la prima settimana d'aprile le forze sovietiche attraversarono il Dniester spingendosi in Romania. La SSTK impegnata nei combattimenti di retroguardia sfuggì appena al

Soldato tedesco accanto ad un caduto sovietico e ad un carro leggero russo BT-7

pericolo d'accerchiamento attraversando il Dniester in ordine di marcia il 30 marzo. Dal 8 aprile l'8° armata assegnò la Totenkopf al 47° Panzer-Korps che era impegnato a difendersi come retroguardia sulle sponde occidentali del Dniester. Per le successive tre settimane la SSTK sopportò il peso principale della ritirata con continui combattimenti durante il giorno, spostandosi nella notte lungo le strade rumene. Nella ritirata dal Balta attraversò il fiume Sireth arrivando fino alle pendici dei monti Carpazzi dove la divisone delle SS si trincerò in attesa di un ulteriore assalto nemico.

L'atteso attacco però non si verificò. Infatti, l'offensiva primaverile aveva sfiancato i reparti russi che con le linee di rifornimento ancora lontane dal fronte avevano ora bisogno di riorganizzarsi, del resto le piogge primaverili rendevano il terreno un pantano che impediva spostamenti veloci lungo le strade appena conquistate.

Le stanche Totenkopf dopo nove mesi di combattimenti pressoché continui poteva ora prendere una tregua nelle fangose trincee nella primavera del '44.

I due mesi successivi trascorsero in una calma relativa turbata solo dall'attività di alcune pattuglie russe che saggiavano le difese tedesche. In questo periodo Himmler approfittò per rinforzare la Totenkopf fornendo alla divisione nuovi rimpiazzi e armi. Tra maggio e giugno furono inviati alla SSTK ben 6000 uomini di cui 1500 erano soldati della Totenkopf che tornavano dalla convalescenza o da una licenza, il resto, ben 4500 uomini, erano reclute appartenenti alla 16° SS Panzergrenadierdivision Reichsführer che furono dirottate alla SSTK. Molte furono anche le nuove armi rese disponibili per la Totenkopf tra cui i carri Panther e i cannoni d'assalto StuG IV.

Nello stesso periodo la divisone ebbe un nuovo comandante nella persona del SS Brigadeführer Hellmuth Becker un vecchio fedelissimo di Eicke che in passato aveva subito delle inchieste da parte di Himmler per la sua condotta dissoluta e per ubriachezza durante l'esercizio delle sue funzioni di comando sulla linea del fronte, protetto da Eicke le inchieste non ebbero seguito. Becker venne scelto come comandante delle SSTK da Hitler stesso per i suoi successi avuti in combattimento e dall'ammirazione che il Führer aveva per lui, Becker avrebbe guidato la divisione nell'ultimo periodo della guerra, dal luglio del 1944 al maggio del 1945, mentre Priess passò al comando della Leibstandarte.

Per una completa riorganizzazione venne concesso alla SSTK un periodo di riposo nelle retrovie a partire dal 9 giugno, dove il generale Wohler assegnò alla divisone un compito di riserva corazzata. Il numero degli effettivi salì alla rispettabile cifra di 21000 uomini compresi i servizi ausiliari.

Il comando generale dell'esercito tedesco aveva però altri progetti per le Totenkopf. Difatti Hitler e il suo Stato Maggiore si aspettavano che l'offensiva estiva russa si sarebbe scatenata contro il Gruppo Armate Centro nel suo settore meridionale nella regione della Galizia. Si decise quindi di rafforzare questa posizione utilizzando la divisone corazzata più potente in zona e cioè la Totenkopf.

Prima che gli ordini di trasferimento della SSTK fossero diramati i Russi scatenarono la loro offensiva il 22 giugno anniversario dell'inizio dell'invasione della Russia con l'operazione Barbarossa del 1941.

L'attacco fu lanciato con una concentrazioni di forze in un singolo settore superiore a tutte quelle utilizzate dai Tedeschi quel giorno del '41 in cui iniziava la guerra con l'Unione Sovietica. L'operazione venne denominata "Bagration" dalla Stavka e si svolse su un fronte di 320 chilometri tra la città di Ostrov, sui vecchi confini Lituano-Sovietici, e la città di Kovel ai confini sud occidentali delle paludi del Pripet molto più a nord di dove Hitler si aspettasse. I Russi sfruttarono il terreno pianeggiante della zona ottimo per le manovre dei loro numerosi mezzi corazzati e meccanizzati che seppero usare in modo sapiente, affiancandoli all'uso massiccio dell'artiglieria la cui densità per metro quadro era davvero impressionante. In meno di una settimana il Gruppo Armate Centro era completamente annientato con la distruzione di 28 divisioni e la perdita di 350.000 uomini. Mentre i Russi ora minacciavano d'intrappolare anche il Gruppo Armate Nord. L'operazione Bragration fu davvero l'inizio della fine con le forze tedesche in ritirata in Italia e l'apertura di un nuovo fronte ad occidente a seguito dello sbarco in Normandia che richiamò truppe di prim'ordine dal fronte russo.

In questo delicato frangente la Totenkopfdivison venne trasferita a nord alle dipendenze del Feldmaresciallo Walter Model che intanto aveva avuto il comando di ciò che rimaneva del Gruppo Armate Centro. Egli ordinò alla divisone di difendere ad ogni costo la strategica città di Grodno a nord-est di Varsavia e punto di unione con la 4° armata a nord e ciò che rimaneva della 2° armata a sud.

In quella posizione per undici lunghi giorni le SS respinsero ogni attacco che i Russi portarono alle posizioni tedesche con un rapporto favorevole ai sovietici di sette a uno per quanto riguarda gli uomini e di ben dieci a uno per i mezzi corazzati. Malgrado questa disparità i soldati della Totenkopf mantennero le loro posizioni contrattaccando localmente quando ciò era possibile. La situazione era in ogni caso critica e il 18 luglio con il permesso di Model la SSTK abbandonò la città, ormai in rovina, per unirsi alla massa dell'esercito tedesco in ritirata verso Varsavia.

A questo punto Model affiancò la Totenkopf ad un'altra unità d'élite, la divisone corazzata della Luftwaffe "Hermann Goring" e insieme assegnati alla ripristinata 9° armata che ebbe il compito di difendere a Siedlce, ad 80 chilometri ad est di Varsavia, la via di fuga verso la Vistola della 2° armata. Qui le due divisioni corazzate tennero tenacemente la posizione contro i furiosi attacchi della 2° armata corazzata sovietica per quattro giorni, poi, il 28 luglio, sottoposti ad una tremenda pressione, abbandonarono la città per ritirarsi ancora una volta verso occidente. Sulla Vistola intanto Model bloccava le migliaia di soldati in fuga per riorganizzarli in unità combattenti, molte delle quali vennero fatti affluire su Varsavia dove i Polacchi all'avvicinarsi dell'Armata Rossa si erano rivoltati contro gli occupanti tedeschi.

I soldati della Totenkopf non presero parte in alcun modo alla sanguinosa repressione della ribellione polacca, in cui la città di Varsavia venne rasa al suolo e dove vennero commesse atrocità di ogni genere in particolar modo dalla brigata Kaminski, biellorussi

Soldati della Totenkopf in una trincea del fronte orientale nel 1944.

Phanter delle SS distrutto sul fronte orientale.

appartenenti alle Waffen SS, tali e tanti gli orrori commessi da questi uomini che pochi giorni dopo questi fatti Kaminski e il suo stato maggiore vennero fucilati dai Tedeschi per ordine di Himmler mentre la sua brigata venne disciolta qualche tempo dopo.
I Russi raggiunsero la periferia di Varsavia proprio mentre accadevano tali fatti ma proprio in quel punto si esaurì la loro spinta offensiva che gli aveva portati a oltre 700 chilometri dalla loro linea di partenza poco più di un mese prima. La lunghezza delle linee di rifornimento e i duri combattimenti sostenuti impedirono ogni ulteriore avanzata prima di un periodo di riposo e riorganizzazione.
Model colse l'occasione per riordinare le sue forze e rafforzare le sue difese. A questo scopo organizzò il 4° SS Panzer-Korps con la SSTK e un'altra unità d'élite delle SS, la 5° SS Panzer Division Wiking che si era ripresa dai durissimi scontri della sacca di Cherkassy dell'inverno precedente. Queste due unità furono poste al comando dell'SS-Gruppenführer Herbert Gille già comandante della Wiking. L'11 agosto vennero schierate 50 chilometri a nord est di Varsavia su un fronte di 24 chilometri pronti a respingere i prossimi attacchi nemici.

L'intuizione di Model era giusta, infatti i Russi rinnovarono la loro offensiva il 14 agosto a nord di Varsavia nel tentativo di circondare le forze che difendevano la città ma sulla loro strada trovarono le due divisioni delle SS. Per sette giorni le SS difesero le loro posizioni con accanimento respingendo ogni attacco da parte di 15 divisioni di fucilieri e due brigate corazzate, in quella occasione i sovietici fecero un grande uso della loro artiglieria che i ricordi dei soldati tedeschi ne descrivono la precisione e l'intensità dei bombardamenti come mai prima era successo nel corso della guerra. Tuttavia le SS mantennero le posizioni senza farsi scoraggiare dalla forza nemica salvando Varsavia dall'accerchiamento.

I Russi bloccati a metà agosto alle porte di Varsavia rinnovarono i loro attacchi contro le posizioni del corpo SS a partire dal 21 dello stesso mese e il giorno 26 raggiunsero l'apice con l'attacco di ben 8 divisioni di fucilieri e una brigata meccanizzata con l'appoggio degli aerei che continuarono a bombardare le trincee delle SS. La SSTK e la Wiking non riuscirono a contrastare da sole questa massa d'assalto venendo spinte verso occidente. Dei contrattacchi locali della Totenkopf portati il giorno 11 settembre con l'aiuto della Wiking e della 19° Panzer Division nei sobborghi nord est di Varsavia, nel quartiere detto Praga, cacciò i Russi verso est mantenendo sotto controllo quell'area della città per tutto settembre. L'offensiva russa su Varsavia si arenò il 21 settembre grazie, ancora una volta, al valore combattivo delle SS che trascorsero un periodo di quiete lungo il fronte della Vistola.

Il periodo di calma fu in ogni caso breve e già il 10 ottobre i Russi scatenarono una nuova offensiva decisi di catturare la capitale polacca ormai ridotta ad un cumulo di rovine fumanti all'interno della quale i rivoltosi polacchi si erano arresi ai Tedeschi solo il 2 ottobre. La 5° armata corazzata delle Guardie lanciò l'offensiva direttamente su Varsavia senza più pensare a manovre di accerchiamento, come quella fallita poco tempo prima. Contro il 4° SS Panzer-Korps si scatenò la marea incontenibile dell'Armata Rossa costringendolo ad una ritirata di una trentina di chilometri verso nord ovest sulla città di Modlin, ma Varsavia rimaneva ancora in mani tedesche che l'avrebbero persa solo il 27 gennaio del '45.

Un ulteriore attacco contro la SSTK appena attestata sulle nuove linee di difesa venne respinto più per il modo maldestro in cui venne condotto dai Russi, ormai convinti d'aver spezzato ogni resistenza tedesca, che per la strenua difesa delle Totenkopf. Difatti i Russi attaccarono con forze scarse senza l'adeguato supporto di mezzi corazzati e d'artiglieria, sicuri com'erano di circondare e distruggere le due divisioni SS. Il 25 ottobre la 5° armata delle Guardie sospese di nuovo ogni attacco per riorganizzare le sue forze, provate dalla difesa tedesca.

Il comportamento della Totenkopfdivision in queste battaglie di retroguardia fu giudicato da tutti esemplare, raddrizzando più volte le sorti della battaglia a favore delle armi tedesche. I diari della 9° armata rimarcarono l'importante ruolo avuto dalla divisione cosa che non sfuggì ad Hitler in quei drammatici mesi, tanto che si rammaricò di non avere altri battaglioni delle Totenkopf da mandare nei punti caldi dei vari fronti.

L' SS-Unterscharführer Karl Bromann comandante del 103° Battaglione carri pesanti. Negli ultimi mesi di guerra i suoi carri Tigre distrussero 55 carri armati nemici, oltre a 44 cannoni.

Fascetta da polso della divisione.

XIII

Le ultime battaglie

In quell'ultimo periodo, alla fine del 1944, la guerra per la Germania era chiaramente perduta ed anche il morale dei soldati della Wehrmacht cominciava a risentire della sconfitta ormai imminente. Solo le SS continuavano a combattere con lo stesso spirito, come se la vittoria fosse a portata di mano, anch'esse come Hitler condividevano l'etica della guerra ad oltranza fino alle estreme conseguenze che la richiesta di resa incondizionata della Germania da parte degli alleati rendeva inevitabile.
Tra novembre e dicembre il fronte della Vistola rimase sostanzialmente calmo permettendo alla Totenkopfdivision di rimpinguare i ranghi con nuovi rimpiazzi e sostituire gli armamenti distrutti, cosa che con l'appoggio incondizionato di Hitler riuscì facilmente, permettendo alla divisione una priorità sugli armamenti rispetto alla Wehrmacht.
Al momento della partenza dal fronte polacco per quello ungherese la divisione aveva una forza di 15400 uomini che in quel periodo rappresentava il massimo raggiungibile visto la penuria di uomini abili alle armi.
Quando il 24 dicembre il 2° e il 3° Fronte Ucraino circondarono la città di Budapest si venne a creare la necessità di reperire forze abbastanza potenti da mandare a sostegno del Gruppo Armate Sud la cui debolezza era preoccupante. I comandi tedeschi già duramente impegnati nell'offensiva delle Ardenne sul fronte occidentale decisero d'impiegare il 4° SS Panzer-Korps di Gille.
Il mantenimento dell'Ungheria era di vitale importanza per i Tedeschi che in quel territorio mantenevano le ultime riserve di greggio indispensabili nella guerra moderna, se si voleva conservare almeno un barlume di speranza nella vittoria, inoltre vi erano su quel territorio importanti riserve di grano. Per questi motivi furono distolte importanti forze dagli altri fronti in un momento di massimo bisogno su tutti i lati della Germania ormai circondata. Dal 26 dicembre il 4° corpo delle SS venne trasferito in treno attraverso Praga, Vienna e Bratislava fino alla stazione di Komarno in Ungheria occidentale e qui si raggruppò per l'offensiva con il nome in codice di "Konrad".
L'ordine personale di Gille alle sue divisioni SS era quello di rompere l'accerchiamento e di ricongiungersi con gli assediati di Budapest tra le cui fila vi erano due divisioni di cavalleria delle SS, una delle quali l'8° Florian Geyer era stata formata con i reparti di

I comandanti Paul Hausser, Hermann Priess e Otto Baum

cavalleria delle Totenkopf nel 1941.

L'assalto delle SS scattò all'alba del primo giorno dell'anno senza preparazione d'artiglieria cogliendo così di sorpresa i Russi della 4° armata delle Guardie Rosse a sud di Tata. Difatti l'efficiente servizio informazioni sovietico pur accorgendosi del trasferimento delle unità d'élite tedesche non aveva colto la minaccia d'un attacco imminente, questo a causa dei differenti codici radio in uso tra la SSTK e la Wiking cosa che provocò confusione e incertezza nel comando sovietico.

Questo permise alle forze di Gille di coprire ben 40 chilometri in tre giorni su un terreno coperto di neve nella direzione di Budapest verso sud-ovest. I comandi russi ripresisi dalla sorpresa concentrarono cinque corpi d'armata ad ovest della città assediata mentre per bloccare le linee di comunicazioni del 4° SS Panzer-Korps i Russi lanciarono lungo il Danubio la 6° armata corazzata delle Guardie che con 250 carri armati e un impressionante dispiegamento d'artiglieria attaccò da sud le spalle delle SS interrompendo la principale linea ferroviaria della regione. Tali vicende costrinsero Gille a fermare l'avanzata a soli 22 chilometri da Budapest il 6 gennaio. Malgrado la difficile situazione la tenacia delle SSTK nel respingere i contrattacchi russi permise a reparti della Wiking di giungere a soli 16 chilometri dalla capitale Ungherese. A questo punto una sortita dei difensori dalla città avrebbe potuto salvare la guarnigione tedesca ma Hitler, ancorato a schemi di difesa ad oltranza, respinse ogni proposta di ritirata da Budapest escludendo ogni ipotesi di difesa flessibile sul territorio Ungherese.

Nel frattempo anche la 6° armata Panzer delle SS reduce dall'offensiva delle Ardenne, in cui aveva subito forti perdite, venne velocemente schierato in Ungheria al comando dell'SS Oberstgruppenführer Sepp Dietrich ex comandante della Leibstandarte. L'urgenza della situazione nella città assediata era tale che Hitler non volle aspettare il completo spiegamento del nuovo corpo d'armata panzer delle SS per lanciare l'offensiva. Così il 18 gennaio un nuovo tentativo di soccorso a Budapest venne lanciato dal 4° SS Panzer-Korps, questa volta però partendo da sud ovest verso il lago Balaton, contro il 3° Fronte Ucraino.

La Leibstandarte appena giunta attaccò la città di Szekesfehérvàr a sud ovest di Budapest mentre le divisioni di Gille sfondavano il fronte poco più a nord contro il 135° corpo di fanteria aprendo un varco attraverso le linee sovietiche, penetrando in un sol giorno per 14 chilometri all'interno del 3° Fronte Ucraino. Anche questa volta i Russi erano stati presi alla sprovvista e l'attacco tedesco ebbe successo. Le SSTK raggiunsero la città di Dunapentele sul Danubio a sud di Budapest, da quella posizione iniziarono a colpire il traffico fluviale dei Russi sul grande fiume minacciando i loro rifornimenti con la sponda occidentale del Danubio.

Il comandante del 3° Fronte Ucraino maresciallo Tolbukhin per bloccare questa offensiva richiese due corpi di fanteria impegnati nelle operazioni d'assedio inviandoli a sud di Buda. Venne inoltre utilizzato il V corpo di cavalleria, tenuto in riserva ad est di Budapest, che cavalcando nella neve alta per 90 chilometri raggiunse la riva occidentale del Danubio, all'epoca ghiacciato, favorendo i Russi che poterono passare a piacimento da una parte all'altra del grande fiume, la cavalleria russa ingaggiò così violenti combattimenti con le unità panzer della Totenkopf che furono costrette a difendersi sul loro fianco destro.

Per la seconda volta il comandante della piazza di Budapest l'SS Obergruppenführer Karl von Pfeffer-Wildenbruch chiese ad Hitler il permesso di una sortita per riunire le sue forze superstiti al 4° SS Panzer-Korps e ancora una volta gli venne negato, condannando la guarnigione all'annientamento totale.

La fine di gennaio vide gli ultimi tentativi di Gille di raggiungere la capitale Ungherese. La SSTK e la Wiking scatenarono una nuova battaglia di carri contro le difese russe ma i cannoni controcarro e i carri armati russi decimarono le SS attaccanti, inoltre si aggiungevano gli attacchi degli aerei d'assalto Sturmovik che rappresentavano un pericolo per i carri armati tedeschi, mentre la Luftwaffe era sempre più latitante nei cieli ormai dominati dai Russi. Il 30 gennaio Gille era stato infine respinto, per gli assediati fu un duro colpo. La SSTK con la Wiking si sganciò verso ovest stabilendo una nuova linea difensiva a nord del lago Balaton nella densa foresta della Selva Baconia, la nuova posizione fu chiamata "Margherita" dove grazie alla protezione degli alberi le SS potevano ripararsi dagli attacchi aerei e dal freddo intenso di quei giorni, nell'attesa che la 6° armata Panzer di Dietrich, proveniente dal fronte occidentale, si radunasse al completo per una nuova offensiva. Ma per la guarnigione di Budapest era ormai tardi, il duro assedio nel quale a detta degli stessi sovietici, i combattimenti superarono per intensità anche la battaglia di Stalingrado, si concluse l'11 febbraio quando gli ultimi difensori tentarono finalmente una sortita venendo però sterminati fino all'ultimo, solo 785 soldati tedeschi riuscirono nella sortita a portarsi in salvo nelle loro linee.

All'inizio di marzo i due corpi d'armata delle SS erano al completo comprendendo oltre la SSTK e la Wiking anche la Leiberstandarte, la Das Reich, la 12° SS Hitlerjugend, la Hohenstaufen e la Reichsführer appena giunta dal nord Italia. Queste divisioni agli ordini di Dietrich, costituirono insieme la 6° armata corazzata delle SS, la maggior concentrazione di SS mai avvenuta in tutta la guerra, anche se tutte queste unità erano ormai sott'organico debilitate da mesi di continuo impiego in battaglia. Queste formazioni erano tra le ultime ancora motivate il cui morale era sufficientemente alto da permettergli una nuova offensiva anche contro forze preponderanti, proprio su questo Hitler faceva affidamento lanciando la sua ultima offensiva in grande stile dal suggestivo nome di "Frühlingserwachen" (risveglio di primavera). Questa operazione fu organizzata con tutta l'attenzione possibile in quella difficile situazione in cui l'esercito tedesco si trovava nella primavera di quell'anno. Hitler volle tutte le misure di sicurezza possibili, fece cancellare tutti i contrassegni delle divisioni, perfino le spalline con i simboli divisionali e le fascette da polsino furono rimossi, vennero impedite anche le ricognizioni sul terreno dell'offensiva che era prevista in direzione del Danubio nel tentativo di allontanare i Russi dai campi petroliferi sul lago Balaton. Malgrado tutte queste precauzioni ai Russi non sfuggì l'ammassamento di così tante unità d'élite dell'esercito tedesco in un'unica posizione, il 3° corpo Ucraino avvisato del pericolo avviò una serie di linee di trinceramento davanti la zona del lago Balaton per proteggere Budapest e il Danubio.

Alla mezzanotte del 5 marzo iniziò l'offensiva di primavera partendo dall'angolo nord e sud del lago Balaton. L'attacco cominciò però sotto i peggiori auspici, infatti il rialzo delle temperature aveva dato inizio al disgelo. Il fatto è che quella regione è ricca di paludi che lo scioglimento del ghiaccio trasformava in un pantano impenetrabile. Questo contrattempo impedì ai mezzi di muoversi, soprattutto i pesanti mezzi corazzati ebbero enormi problemi tanto che dai racconti di Dietrich si parla di ben 15 moderni e potenti carri armati Konigstiger che sprofondarono nel fango fino alla torretta.

L'artiglieria scatenò quella notte un violento tiro di sbarramento sulle linee russe ma i granatieri tedeschi, impediti nella marcia dal fango, poterono raggiungere la loro linea d'attacco solo all'alba e senza i mezzi corazzati bloccati nel pantano. Alle cinque del mattino del 6 marzo con un nuovo tiro di sbarramento le SS conquistarono le trincee nemiche.

Dopo tre giorni di violenti combattimenti su un terreno fangoso e impraticabile in cui le SS si batterono valorosamente contro un nemico ormai preponderante, la 6° armata di Dietrich era arrivata a 30 chilometri dall'aeroporto di Budapest ma, a questo punto,

Soldati della Totenkopf si riparano dal tiro di artiglieria nemica sul fronte ungherese nel marzo del 1945

L'ultimo comandante della Totenkopf fu l'SS Brigadeführer Hellmuth Becker. Comandante coraggioso ma molto discusso, venne consegnato dagli americani ai russi e successivamente giustiziato da questi ultimi.

la spinta offensiva dell'armata panzer si era esaurita.
L'essere penetrati così in profondità nelle linee nemiche poneva l'armata SS vulnerabile sui fianchi visto che mancavano unità valide nel supportare l'azione offensiva, sia da parte dei reparti della Wehrmacht che dei resti dell'esercito ungherese. Già il 13 marzo furono avvistati dalla ricognizione ben 3000 veicoli in marcia verso le forze tedesche, come viene riportato sul diario del Gruppo Armate Sud. Infatti il comandante del 3° Fronte Ucraino il maresciallo Tolbukhin, sfruttando l'opportunità, lanciò una controffensiva da nord sul fianco sinistro di Dietrich a partire dal 16 marzo. La 9° armata corazzata delle Guardie piombò sulla Totenkopfdivision come un rullo compressore pressando i granatieri sulla difensiva minacciando di circondare tutta la 6° armata delle SS. A questo punto non era più il caso di parlare d'un proseguimento dell'offensiva voluta da Hitler. La SSTK con la Wiking si ritirarono malconce, sul terreno ancora fangoso, verso il lago Balaton da dove erano partiti alcuni giorni prima. Il 17 anche Dietrich fu costretto ad ordinare la ritirata generale, segnando il destino dell'Ungheria con i suoi campi petroliferi e di grano.

Fotoritratto del generale Hellmuth Becker

La notizia della sconfitta raggiunse alla fine Hitler le cui speranze erano tutte riposte in questa offensiva e nei soldati delle SS, la sua reazione fu furente, accusando i suoi soldati di non essere riusciti a raggiungere gli obbiettivi assegnatigli, senza considerare che questi obbiettivi erano ben al di sopra di qualsiasi possibilità per qualunque formazione militare, con i Russi che disponevano di una superiorità numerica schiacciante in uomini e mezzi, con la totale superiorità aerea russa, senza contare dell'affiatamento dei comandi sovietici e della loro esperienza tattica maturata in tanti anni di guerra. Hitler però non si poteva capacitare di questa grave sconfitta, tanto che diede ordine a Dietrich di strappare le mostrine e i distintive alle sue SS. Tanta fu l'indignazione che si racconta che le SS raccolsero le decorazioni in un vaso da notte con il braccio mozzato di un loro camerata spedendolo al Führer. Questa notizia è un falso visto che Dietrich si rifiutò di trasmettere quest'ordine e la maggior parte dei suoi soldati, che avevano altro a cui pensare, difficilmente seppero qualcosa a riguardo.

L'armata SS si sottrasse all'accerchiamento ma l'offensiva sovietica si era aperta di slancio la strada nella Selva Baconia costringendo la 6° armata a ritirarsi verso Vienna, dove vi era un ultima incompleta linea difensiva, utilizzando la strada che univa Bratislava con la capitale Austriaca. Nella ritirata i soldati delle SS cercarono di mantenere una certa coesione nei reparti superstiti mentre gli ultimi soldati Ungheresi si defilavano e quelli della Wehrmacht completamente demoralizzati pensavano a salvarsi. La battaglia per Vienna cominciò il 3 aprile a partire dai sobborghi della città, gli uomini delle SS si difesero utilizzando i Panzerfaust contro i carri russi nei combattimenti cittadini.

Proprio in quei giorni il morale dei pochi uomini delle SSTK cedette. Dopo tre anni di continuo impiego sul fronte orientale, spezzato solo da brevi periodi di tregua lungo il fronte, lo spirito combattivo delle Totenkopf si ruppe, gli uomini migliori erano ormai morti e gli ultimi mezzi distrutti, inoltre rendendosi conto dell'inevitabile sconfitta si temeva di venire catturati dai Russi ben consci dell'inesorabile destino a cui potevano andare incontro.

Vienna cadde il 13 aprile e le SS di Dietrich si ritirarono ad occidente nell'attesa di una nuova controffensiva, ciò dimostra come il comando tedesco fosse ormai lontano dalla realtà sul campo di battaglia, mentre i Russi si spostarono verso la Cecoslovacchia.

La fine della guerra colse la Totenkopf a Linz dove il suo ultimo comandante l'SS Brigadeführer Helmuth Becker l'aveva guidata nel tentativo di arrendersi alla 3° armata americana. La forza dell'intera divisione era ridotta a 1000 uomini e 6 carri armati.

Il 9 maggio gli americani accettarono la resa della divisione e disarmarono gli ultimi uomini della SSTK nelle vicinanze del campo di concentramento di Mauthausen.

Gli americani d'accordo con i sovietici nel processo di denazificazione della Germania consegnarono tutti i membri delle Totenkopf ai Russi che li consideravano tra i più fanatici tra i soldati delle SS, essendosi macchiati di crimini contro la popolazione in Russia.

La sorte per molti di loro era così segnata, molti vennero giustiziati e torturati negli anni a venire, Becker sparì con altri ufficiali della divisione dopo soli sei mesi dalla fine della guerra, vittime di esecuzioni segrete. Molti membri che erano appartenuti alle SSTK e al momento della fine della guerra si trovavano in altri reparti delle SS riuscirono a salvarsi, come Max Simon che malgrado fosse stato condannato a morte in contumacia in Russia, per gli eventi successi in Ucraina durante la ritirata, se la cavò con una condanna di sei anni, per fatti accaduti quando era al comando della divisione Reichsführer sull'Arno nel 1944, affibbiatagli dagli Alleati.

I pochi veterani che tornarono dalla Russia nei primi anni cinquanta trovarono un mondo cambiato ma per molti di loro l'esperienza nei reparti delle Totenkopf fu la più importante della loro vita.

Cimitero di guerra delle SS, appartenente alla divisione Viking che combatté a fianco della Totenkopf negli ultimi mesi di guerra sul fronte orientale.

Soldati della Totenkopf in un momento di pausa in Ungheria verso la fine della guerra.

XIV

Conclusioni

I soldati della Totenkopf furono senza dubbio tra i più fanatici e spietati tra tutti gli appartenenti alle SS. Questo era dovuto principalmente alla loro peculiarità iniziale di guardie nei campi di concentramento, il cui impegno in quest'attività ne acuì l'odio verso i nemici, accompagnato con il disprezzo per coloro che erano definiti subumani. Del resto il rapporto tra i soldati dell'SSTK e i campi di concentramento non venne mai interrotto. Infatti, nel corso della guerra i soldati che appartenevano alla Totenkopf potevano venire trasferiti nei campi come guardie per una serie di ragioni personali, spesso la motivazione era dovuta a problemi disciplinari, da parziali liste di trasferimento della divisone dal 1939 al 1941 si trovano indicati 22 ufficiali e 55 soldati trasferiti dalle unità di combattimento ai vari campi di concentramento in Germania. Più tardi durante i combattimenti a Demjansk molti soldati in convalescenza vennero trattenuti contro la loro volontà nei vari campi dove i comandanti ignoravano le loro richieste di tornare al fronte. Quest'atteggiamento viene evidenziato anche da una lettera di Max Simon ad Eicke del 2 agosto del '42 dove scrive; "Molti appartenenti alla divisione in convalescenza stanno servendo come guardie nei battaglioni nei campi di concentramento e sono lì trattenuti dai comandanti in questione, malgrado il fatto che essi vogliano ritornare al fronte."
Le pesanti perdite impedirono il proseguimento di questa pratica e nei campi di concentramento vennero lasciati solo i soldati più anziani meno validi al combattimento. Anzi molte guardie vennero trasferiti alle unità combattenti come rimpiazzi a volte a battaglioni interi, tanto che dal 1942 le guardie provenivano da tutte le varie organizzazioni delle SS e del partito nazista. Nel 1943 a Dachau per controllare 17000 internati prestavano sevizio soltanto 300 uomini della Totenkopf con un età superiore ai quarant'anni, anche se dai vicini campi d'addestramento delle SS venivano distaccate a rotazione delle reclute per rafforzarne la guarnigione.
Gli esempi degli spostamenti tra la divisione e i campi di concentramento non mancano come nel caso di Adam Grünewald che, prima della guerra, servì nell'ufficio amministrativo di Dachau, venendo poi trasferito alla compagnia panettieri dove rimase fino al 1942 quando venne trasferito al campo di concentramento di Oranienburg, luogo dove si fece notare per i suoi maltrattamenti sugli internati senza esserne autorizzato,

in particolare aveva rinchiuso più prigionieri in celle malsane e sovraffollate causando molti decessi. La corte marziale condannò Grünewald alla degradazione al grado di soldato semplice nell'aprile del 1944, egli tornò poi nei ranghi della divisione combattendo fino alla sua morte in azione in Ungheria. Molti sono questi esempi di trasferimenti tra le varie unità combattenti a quelle di guardia ai campi anche se nel complesso della divisione rimangono una minoranza.

Un attempato sottufficiale della Totenkopf si arrende ai soldati alleati presso il campo di Belsen.
La guardia ai campi di concentramento era speso affidata a soldati non adatti al servizio di prima linea.

Un'altra accusa rivolta agli uomini delle SS è quella di aver fatto parte degli Einsatzgruppe, cioè le squadre mobili che avevano il compito di eliminare tutti gli oppositori e gli ebrei. La composizione di queste unità era comunque mista e comprendeva elementi dell'esercito e della polizia nazista, solo poco più di un 30% era membro delle Waffen SS. Le SS dell'Einsatzgruppe A operanti alle dipendenze del Gruppo Armate Nord nel 1941 erano in numero di 340 su un totale di 990 uomini, nell'ottobre dello stesso anno, quando le perdite nella Totenkopf si fecero pesanti queste SS vennero aggregate alla SSTK nel 3° reggimento come rimpiazzi. Un altro esempio è dato dall'SS Gruppenführer Friedrich Jeckeln che, dopo aver servito come comandante del 1° battaglione del 2° reggimento delle SSTK durante la campagna di Francia, venne poi assegnato al comando dell'Einsatzgruppe C che si distinse per ferocia nel sud della Russia. Jeckeln nell'autunno del 1941 venne messo a capo dell'HSSPF di Riga, l'ufficio della polizia e delle SS per gli stati Baltici e del nord della Russia, da quella posizione aiutò molto i suoi vecchi camerati della Totenkopfdivision che combattevano a Demjansk fornendogli l'equipaggiamento e i generi di conforto necessari a superare l'inverno.

A compendio di questa spietatezza e ferocia vi era un indiscutibile valore militare, come spesso accade il fanatismo rende facile compiere gesta eroiche che in casi normali ci si penserebbe due volte prima di compierle. La conferma dell'importanza della divisione nella guerra è indicata dal numero delle Croci di Cavaliere che equivaleva grosso modo alla Medaglia d'Oro in Italia. Gli uomini della Totenkopf nel corso della guerra ne avevano guadagnate ben 47 che, anche se erano inferiori alle divisioni sorelle della Leibstandarte e della Das Reich, rispettivamente con 58 e 69 Croci di Cavaliere, ne attestano l'alto valore combattivo. Otto di questi soldati (tutti ufficiali) che avevano ricevuto l'alta decorazione poterono aggiungere le Foglie di Quercia per il loro eroismo, mentre solo due di loro Georg Bochmann e Otto Baum si videro assegnare i Diamanti, la massima decorazione possibile per un soldato tedesco. Tra l'altro Baum nel corso della guerra divenne comandante della 17° SS Panzergrenadier division Gotz von Berlichingen con il grado di Brigadeführer all'età di soli 33 anni per poi finire la guerra al comando della 16° divisione Reichsführer, già comandata da Simon, alla cui guida concluse la guerra, diventando uno dei soldati più decorati del terzo Reich.

A fronte di queste decorazioni le perdite subite dalla Totenkopf durante la guerra furono elevatissime, le maggiori tra tutte le altre divisioni SS, ben 60.000 tra morti, feriti e dispersi. Nella Wiking, con cui la SSTK condivise gli ultimi anni di guerra, le perdite assommarono a 19.000 uomini a partire dall'invasione della Russia. In effetti, gli uomini della Totenkopf tra gli altri reparti delle Waffen SS erano soprannominati Knochenstürme (compagnia degli scheletri) soprannome che già da solo indica con quanta facilità si veniva uccisi in quei reparti contrassegnati dalla "testa di morto". Difficilmente l'alto numero di perdite si può spiegare con la terribile battaglia di Demjansk in cui la divisione fu ad un soffio dall'essere annientata. E' certo che i comandanti che si susseguirono al comando non erano teneri e anzi consideravano l'elevato numero di perdite la dimostrazione del loro impegno in battaglia ed era quasi una questione d'onore.

Un'altra causa delle perdite così elevate può essere ricercata nella preparazione degli ufficiali della Totenkopf non sempre all'altezza delle situazioni tattiche che si susseguivano sul campo di battaglia, sopperendo a queste deficienze con il fanatismo che a volte poteva tradursi in attacchi suicidi. Ad ogni modo molti veterani della

Uno Scharführer adetto al lager di Mauthausen-Gusen veste la classica uniforme SS con ben evidente sul colletto le insegne della Totenkopf.

Fotoritratto di un altro volontario della Totenkopf.

Totenkopf, il cui coraggio e valore era indiscusso, cercavano di lasciare la divisione per essere trasferiti nei ranghi di altri reparti. Molti dei volontari nei reparti paracadutisti delle SS provenivano dalle Totenkopf malgrado corresse voce tra i soldati che il battaglione paracadutista fosse un reparto votato alla morte, pronto ad essere impiegato in operazioni senza ritorno. Il fatto che molte Totenkopf scegliessero questo reparto piuttosto che rimanere nella loro vecchia divisione è indicativo di ciò che questi soldati si aspettavano nella Totenkopfdivision. Caratteristica era la tenacia delle SS nei combattimenti anche quando era chiaro che tutto era ormai perduto, cosa che si venne a riscontrare in situazioni disperate alla fine della guerra ma anche nelle violente battaglie d'annientamento all'interno di sacche come a Demjansk, sono spiegabili solo

Soldato della Totenkopf con un arma sovietica catturata.

con il codice applicato da quei soldati chiamato "realismo eroico", in cui si vedeva la vita come una lotta continua e le situazioni estreme dovevano essere la norma in un'esistenza ad alta tensione, dove le alte qualità morali necessarie a superare le difficoltà dovevano essere sempre presenti. Hitler da sempre influenzato da questo nihilismo eroico scriveva nel "Mein Kampf": "Si può essere sicuri che la forza di un movimento e il suo diritto ad esistere possono essere manifesti solo dal tempo che rimane fedele al principio che la lotta è una condizione necessaria al suo programma e la sua massima forza può essere raggiunta solo al conseguimento della vittoria più completa. Perciò un movimento non deve sforzarsi d'ottenere un successo immediato e transitorio, ma deve mostrare uno spirito senza compromessi, perseverante nel portare avanti una lunga lotta che gli assicuri un lungo periodo di crescita".

Le basi di questi concetti erano già stati messi in pratica e teorizzati da Ernst Junger durante la Grande Guerra, venendo poi ripresa agli inizi degli anni trenta nel libro "Krieg und Krieger" (Uomini e guerrieri) a cui contribuirono nella stesura il fratello Friedrich Georg, Ernst von Salomon, Friedrich Hielscher e l'SS Obergruppenfuhrer Werner Best. Soprattutto quest'ultimo nel capitolo "La guerra e la legge" descriveva un mondo dove la pace non esisteva ma la lotta e le tensioni erano la regola e l'intero dinamismo cosmico era basato su questi concetti partendo dalla selezione naturale all'economia. La vita degli individui, in queste dinamiche, poteva esprimersi in due parole: lotta e cameratismo.

Da questi scritti emerge il codice morale delle SS contrario alle dottrine morali liberiste correnti per cui l'azione ha sempre uno scopo ben preciso, qui il combattimento è visto come una cosa positiva e permanente dove il come si combatteva era più importante della motivazione stessa dell'azione, anzi gli stessi fini della battaglia erano visti come temporanei e passibili di mutazioni all'interno di una lotta permanente.

La mentalità che emerge si riallaccia così alla tradizione dei "corpi Franchi" della Germania del 1919 ma anche ad una tradizione pagana che dai guerrieri germani si ricollega ai conquistatori indoeuropei tanto cara alle associazioni nazionalsocialiste.

In questa situazione l'impulso alla vittoria, anche se necessario, passava in secondo piano non essendo più una condizione decisiva nella lotta. Solo con questo codice morale eroico, in cui l'essenziale era combattere per un buon combattimento, rendeva tollerabile anche le situazioni più disperate e senza vie d'uscita.

Il simbolo della divisione SS Totenkopf. Era già stato usato nel 1936 da Eicke allo scopo di distinguersi dalle altre formazioni delle SS.

CRONOLOGIA

1939

01 Settembre:	La Germania invade la Polonia.
07 Settembre:	La SSTV Standarte "Thuringen" e la SSTV Standarte "Brandenberg" vengono inviate in zona di operazione in Polonia.
Ottobre:	Viene deciso di creare la terza divisione delle SS a partire dai reparti delle SSTV.
10 Ottobre:	La Polonia capitola.
Novembre:	Inizia l'addestramento della divisione SSTK.
Dicembre:	L' SS Heimwher Danzig viene integrato nella divisione.

1940

Gennaio:	Addestramento presso le caserme di Ludwigsburg, Heilbronn.
28 Febbraio:	La SSTK viene assegnata come unità di riserva alla Seconda Armata.
Aprile:	Addestramento a Korbach.
10 Maggio:	Scatta l'invasione della Francia, la SSTK è ancora in riserva.
11 Maggio:	La SSTK viene trasferita alle dipendenze della 15° Panzer Corps.
21-25 Maggio:	Battaglia sulla testa di ponte del canale di La Basée contro gli Inglesi.
27 Maggio:	Battaglia di Bethume.
01 Giugno:	Avanzata della SSTK fino al canale della manica.
14 Giugno:	Occupazione di Parigi.
24 Giugno:	La Francia chiede l'armistizio.
25 Giugno:	La SSTK occupa Bordeaux.
15 Agosto:	Per ordine di Himmler tutte le unità di riserva delle SSTV devono entrare nei ranghi della divisione SSTK.
Luglio 1940 –	La SSTK svolge compiti d'occupazione del suolo francese.

1941

09 Giugno:	Trasferimento della SSTK a Marienwerder in Prussia orientale.
22 Giugno:	Scatta l'operazione Barbarossa, la Germania invade la Russia. La SSTK fa parte del 4° Panzer Group appartenente al gruppo di armate Nord.
24 Giugno:	La SSTK avanza in Lituania.

6 – 11 Luglio:	La SSTK attacca la linea Stalin venendo coinvolta in duri combattimenti.
06 Luglio:	Il comandante della divisione SSTK Eicke viene ferito durante i combattimenti.
11 Luglio:	Viene catturata la città di Opochka.
15 – 28 Luglio:	Duri combattimenti intorno al lago Ilmen.
10 – 16 Agosto:	Attacco della linea Luga, principale difesa di Leningrado.
19 Agosto:	Attacco delle SSTK a Dno.
21 Agosto:	Distruzione della 34° Armata Sovietica.
21 – 30 Agosto:	Battaglia difensiva sul fiume Pola.
01 – 15 Settembre:	Offensiva delle SSTK sul fiume Pola.
21 Settembre:	Eicke riprende il comando della divisione.
24 – 27 Settembre:	Battaglia difensiva a Lushno.
17 Ottobre:	Offensiva delle SSTK contro le linee difensive Sovietiche nella regione dei Monti Valdai.
Novembre:	Stabilizzazione del fronte di Leningrado. Operazioni antipartigiane compiute dall'SSTK.
Dicembre:	Battaglia difensiva su fronte di Leningrado.

1942

Gennaio:	Battaglia difensiva a Demjansk. La SSTK viene isolata nella sacca insieme ad altre unità.
Febbraio:	La SSTK viene divisa in due gruppi di combattimento di cui il principale si trova intrappolato nella sacca di Demjansk.
Marzo:	Il Freikorps Danemark viene aggregato alla SSTK all'interno della sacca.
14 Aprile:	Contrattacco tedesco che apre un corridoio verso la sacca di Demjansk.
20 Aprile:	Eicke viene promosso Obergruppenführer.
27 Aprile:	L'accerchiamento di Demjansk viene spezzato, la sacca si trasforma in saliente.
Maggio - Ottobre:	Battaglie difensive intorno a Demjansk.
26 Giugno:	Eicke lascia il fronte per una licenza.
Agosto:	Hitler decide di riequipaggiare la SSTK come divisione panzergrenadier.
Novembre:	La SSTK viene trasferita in Francia per un periodo di riposo e riorganizzazione.
9 Novembre:	Operazione Attila, disarmo delle forze francesi nella Francia libera.
Dicembre – Gennaio:	Compiti di difesa della costa meridionale della Francia.

1943

01-14 Febbraio:	Trasferimento della SSTK dalla Francia all'Ucraina.
15 Febbraio:	Ritirata da Kharkov.
19 Febbraio-01 Marzo:	Battaglia per Kharkov la SSTK e la Das Reich annientano la 6° Armata Sovietica.
26 Febbraio:	Durante i combattimenti viene ucciso il comandante della divisione Eicke.
14 Marzo:	La SSTK, la Das Reiche e la Leibstardarte al comando di Paul Hausser conquistano Kharkov.
18 Marzo:	Riconquista di Belgorod.
Marzo-Giugno:	Operazioni della SSTK nell'area di Belgorod.
05 Luglio:	Inizio della battaglia di Kursk (Operazione Cittadella).
12 Luglio:	Battaglia di carri di Prokhorovka.
13 Luglio:	L'operazione Cittadella viene annullata.
30 Luglio:	La SSTK viene mandata a difendere Stalino dal contrattacco russo.
07-20 Agosto:	La SSTK viene impegnata nella difesa di Akhtyrka.
16 Agosto:	Kharkov viene abbandonata.
Settembre-Ottobre:	La SSTK sostiene violenti combattimenti di retroguardia in Ucraina.
18-27 Ottobre:	La SSTK respinge l'offensiva russa su Krivoi Rog.
15-21 Novembre:	La SSTK respinge un'altra offensiva russa su Krivoi Rog.
28-28 Novembre:	La SSTK respinge ancora una volta l'offensiva dei sovietici su Krivoi Rog.
5-6 Dicembre:	Ancora una volta i Russi sono respinti dall'SSTK nel loro tentativo di raggiungere Krivoi Rog.

1944

Gennaio-Febbraio:	Battaglie difensive su Kirvograd e il fiume Bug.
Marzo:	La SSTK viene aviotrasportata a Balta per proteggere la ritirata tedesca sul Dniester.
Marzo-Maggio:	Battaglie difensive ai confini della Romania.
Giugno:	Breve periodo di riposo e di riorganizzazione per la SSTK in Romania.
22 Giugno:	Offensiva sovietica (Operazione Bagration).
17 Luglio:	La SSTK viene trasferita in Polonia nel tentativo di arrestare l'offensiva dell'Armata Rossa.
25-28 Luglio:	Battaglie difensive a Siedice contro la 2° armata corazzata russa..

1 Agosto:	I Polacchi di Varsavia si rivoltano contro i Tedeschi.
11 Agosto:	La SSTK e la Wiking formano il 4° SS Panzerkorps.
14-21 Agosto:	Battaglie difensive a nord di Varsavia.
21-31 Agosto:	Il 4° SS Panzerkorps viene costretto a ripiegare verso Varsavia.
11 Settembre:	La SSTK respinge i Russi fuori da Varsavia al di là della Vistola.
2 Ottobre:	Gli insorti polacchi si arrendono ai Tedeschi.
10 Ottobre:	Offensiva russa respinta dal 4° SS Panzerkorps.
25 Ottobre:	I Russi della 5° Armata Guardie sospendono la loro offensiva su Varsavia.
24 Dicembre:	Budapest viene circondata dai Russi.
26 Dicembre:	Il 4° SS Panzerkorps viene trasferito in Ungheria in vista di un offensiva per sbloccare l'assedio su Budapest.

1945

01-11 Gennaio:	L'offensiva del 4° SS Panzerkorps su Budapest fallisce.
18 Gennaio:	Una nuova offensiva su Budapest fallisce.
30 Gennaio:	La SSTK stabilisce una linea difensiva nella regione della Selva Baronia.
11 Febbraio:	Budapest viene definitivamente conquistata dai sovietici.
5 Marzo:	Offensiva tedesca "Risveglio di Primavera".
9 Marzo:	La SSTK avanza fino a 30 chilometri dall'aeroporto di Budapest.
13 Marzo:	L'offensiva fallisce.
16 Marzo:	Controffensiva sovietica.
17 Marzo:	La SSTK si ritira su Vienna.
03 Aprile:	Battaglie di contenimento nei sobborghi di Vienna.
13 Aprile:	Vienna cade nelle mani dei Russi.
09 Maggio:	I resti della SSTK si consegnano alle truppe statunitensi.

ORGANIGRAMMI

Comandanti della divisione Totenkopf

SS-Obergruppenführer **Theodor Eicke**

01 novembre 1939 – 7 luglio 1941

SS-Obergruppenführer **Matthias Kleinheisterkamp**

7 luglio 1941 – 18 luglio 1941

SS-Obergruppenführer **Georg Keppler**

18 luglio 1941 – 19 settembre 1941

SS-Obergruppenführer **Theodor Eicke**

19 novembre 1941 – 26 febbraio 1943

SS-Obergruppenführer **Herman Priess**

26 febbraio 1943 – 27 aprile 1943

SS-Gruppenführer **Heinz Lammerding**

27 aprile 1943–15 maggio 1943

SS-Gruppenführer **Max Simon**

15 maggio 1943 – 22 ottobre 1943

SS-Obergruppenführer **Herman Priess**

22 ottobre 1943 – 21 giugno 1944

SS-Brigadeführer **Hellmuth Becker**

21 giugno 1944 – 8 maggio 1945

Capi di stato maggiore

SS-Oberführer Cassius Freiherr von Montigny
ottobre 1939 – 24 maggio 1940

SS-Sturmbanführer Paul Geisler
24 maggio 1940 – 5 giugno 1940

SS-Brigadeführer Kurt KnobLauch
5 giugno 1940 – 20 dicembre 1940

SS-Obersturmbannführer Heinz Lammerding
20 dicembre 1940 – 26 aprile 1943

SS-Sturmbannführer Rudolf Schneider
27 aprile 1943 – giugno 1943

SS-Sturmbannführer Baldur Kelelr
giugno 1943 – 1 ottobre 1943

SS-Obersturmbannführer Erich Eberhardt
22 ottobre 1943 – 1 marzo 1945

Gerarchia delle SS

Mannschaften	truppa e graduati

SS-Bewerber   allievo militare
SS-Anwärter   allievo ufficiale
SS-Mann   soldato semplice
SS-Grenadierschüze   soldato semplice 2°classe
SS-Oberschüze   soldato semplice 1° classe
SS-Sturmann   caporale
SS-Rottenführer   caporalmaggiore

Unterführer   sottufficiali

SS-Unterscharführer   sergente
SS-Scharführer   sergente maggiore
SS-Oberscharführer   maresciallo
SS-Hauptscharführer   maresciallo maggiore 2° classe
SS-Sturmscharführer   maresciallo maggiore 1° classe

Untere Führer   ufficiali inferiori

SS-Untersturmführer   sottotenente
SS-Obersturmführer   tenente
SS-Hauptsturmführer   capitano

Mittlere Führer   ufficiali superiori

SS-Sturmbannführer   maggiore
SS-Obersturmbannführer   tenente colonnello

Höhere Führer   ufficiali generali

SS-Standartenführer   colonnello
SS-Oberführer   colonnello brigadiere
SS-Brigadeführer   generale di brigata
SS-Gruppenführer   generale di divisione
SS-Obergruppenführer   generale di corpo d'armata
SS-Oberst-Gruppenführer   generale d'armata
Reichführer-SS   comandante in capo

Gli assi del 103° Battaglione carri pesante (carri Tigre) aggregato alla 3° SS-Panzer-Division Totenkopf:

SS-Untersturmführer Karl Koerner   100 carri armati su tutti i fronti
SS-Untersturmführer Karl Bromann   75 carri armati su tutti i fronti
SS-Untersturmführer Dieter Ustuf   50 carri armati su tutti i fronti
SS-Unterscharführer Oskar Geiner   50 carri armati su tutti i fronti

Ufficiale carrista della Totenkopf, alle spalle un carro armato T 34 sovietico catturato e riutilizzato dai tedeschi a cui è stato dipinto il simbolo divisionale.

ZONE E CORPI D'APPARTENENZA DELLE TOTENKOPF DURANTE LA GUERRA

Data	Corpo d'Armata	Armata	Gruppo d'Armate	Area
12.39	Riserva	OKH	-	Stoccarda
1.40 - 5.40	Riserva	OKH	-	Alzey/Brilon
6.40	Riserva	-	B	Francia del nord, Bordeaux
7.40 - 8.40	XIV	2. Armata	C	Bordeaux
9.40 - 10.40	-	7. Armata	C	Bordeaux
11.40 - 12.40	XXXI	7. Armata	D	Bordeaux
1.41 - 4.41	XXXIX	7. Armata	D	Dax, Mont-de-Marsan
5.41	XXXI	7. Armata	D	Dax, Mont-de-Marsan
6.41	-	4. Panzergruppe	Nord	Kovno
7.41	LVI	4. Panzergruppe	Nord	Pleskau
8.41	XXVIII	16. Armata	Nord	Luga, Waldai
9.41	LVI	16. Armata	Nord	Demjansk
10.41 - 2.42	X	16. Armata	Nord	Demjansk
3.42 - 9.42	II	16. Armata	Nord	Demjansk
10.42*	X	16. Armata	Nord	Demjansk
11.42	Riserva	-	D	Francia del sud
12.42	Riserva	1. Armata	D	Perpignan
1.43 - 2.43	Riserva	-	D	Francia del sud
3.43	SS Panzerkorps	4. Pz. Armata	Sud	Charkov
4.43	Raus	Kempf	Sud	Charkov
5.43	Riserva	Kempf	Sud	Charkov
6.43	refreshing	-	Sud	Charkov
7.43	II. SS	4. Pz. Armata	Sud	Bjelgorod
8.43	Riserva	6. Armata	Sud	Stalino
9.43	XXXXVII	8. Armata	Sud	Dnjepr
10.43	XI	8. Armata	Sud	Dnjepr
11.43 - 12.43	LII	1. Pz. Armata	Sud	Krivoi-Rog
1.44	LVII	6. Armata	Sud	Krivoi-Rog
2.44	Schmidt	8. Armata	Sud	Tscherkassy
3.44	XXXX	8. Armata	Sud	Tscherkassy
4.44	VII	8. Armata	Sudukraine	Kishinev
5.44	LXVII	8. Armata	Sudukraine	Romania
6.44	Riserva	8. Armata	Sudukraine	Romania
7.44	VI	4. Armata	Mitte	Bialystok
8.44 - 11.44	IV. SS	9. Armata	Mitte	Modlin
12.44	IV. SS	-	Mitte	Modlin
1.45	Riserva	-	Sud	Ungheria
2.45 - 3.45	IV. SS	6. Armata	Sud	Ungheria
4.45	II. SS	6. Armata	Sud	Vienna
5.45	II. SS	6. Armata	Ostmark	Linz

NOMI ATTRIBUITI ALLA DIVISIONE DALLA SUA NASCITA NELL'AUTUNNO DEL 1939 SINO ALLA FINE DELLA GUERRA:

- SS-Division Totenkopf
- Kampfgruppe der SS-Totenkopf-Division
- SS-Panzergrenadier-Division Totenkopf
- 3° SS-Panzer-Division Totenkopf

COMPOSIZIONE DELLA DIVISIONE TOTENKOPF ALLA VIGILIA DELLA CAMPAGNA DI FRANCIA, MAGGIO 1940:

Comando di divisione
- Quartier generale con quattro mitragliatrici leggere
- Plotone motorizzato di collegamento

3 Reggimenti di fanteria motorizzata
ognuno composto da:

Compagnia comando (motorizzata)

Composta da:
- Plotone trasmissioni
- Plotone anticarro equipaggiato con 3 pezzi da 50 mm PAK 38 e 2 mitragliatrici leggere
- Plotone motociclisti equipaggiato con 6 mitragliatrici leggere

3 Battaglioni di fanteria motorizzata

ognuno composto da:
- 3 Compagnie di fanteria motorizzate

ognuna equipaggiata con 18 mitragliatrici leggere, 4 mitragliatrici pesanti, 2 mortai da 50 mm e 2
  lanciafiamme.
- 1 Compagnia pesante motorizzata

composta da:
- Plotone del genio equipaggiato con 4 mitragliatrici pesanti
- Sezione anticarro equipaggiata con 3 cannoni da 50 mm e 3 mitragliatrici leggere
- Sezione d'artiglieria equipaggiata con 2 pezzi da 75 mm

Reggimento d'artiglieria
composto da:
- Batteria comando motorizzata
- Batteria d'osservazione motorizzata

3 Battaglioni d'artiglieria motorizzata

ognuno composto da:
- Batteria comando motorizzata
- 3 Batterie motorizzate ognuna equipaggiata con 3 pezzi da 105 mm e 2 mitragliatrici leggere

1 Battaglione d'artiglieria pesante motorizzata

composto da:
- Batteria comando motorizzata
- 2 Batterie motorizzate ognuna equipaggiata con 3 pezzi da 150 mm e 2 mitragliatrici leggere
- 1 Batteria motorizzata equipaggiata con 3 pezzi da 100 mm e 2 mitragliatrici leggere

1 Battaglione antiaereo Flak motorizzato

composto da:
- Batteria comando motorizzata
- 2 Batterie antiaeree semovente equipaggiate con cannoni 20 mm e 37 mm
- 1 Batteria antiaerea motorizzata equipaggiata con 4 pezzi da 88 mm e 3 cannoni da 20 mm
- Colonna di rifornimento motorizzata

Battaglione anticarro

composto da:
- 1 Compagnia anticarro semovente
- 2 Compagnie anticarro motorizzate

Il battaglione anticarro era equipaggiato con pezzi da 37 mm, 50 mm e 75 mm

Battaglione di ricognizione

composto da:
- Compagnia comando blindata
- 1 Compagnia blindata media
- 2 Compagnie blindate leggere
- Plotone manutenzione

Battaglione trasmissioni

composto da:

Compagnia telefonica motorizzata equipaggiata con 4 mitragliatrici leggere
Compagnia radio motorizzata equipaggiata con 4 mitragliatrici leggere
Colonna d'approvvigionamento motorizzata leggera equipaggiata con 2 mitragliatrici leggere

Battaglione del genio
composto da:
- 3 Compagnie del genio motorizzate ognuna equipaggiata con 18 mitragliatrici leggere e 2 lanciafiamme
- Colonna genio pontieri motorizzata equipaggiata con 2 mitragliatrici leggere
- Colonna d'approvvigionamento motorizzata

Servizi amministrativi
composti da:
- Compagnia d'intendenza generale motorizzata equipaggiata con 2 mitragliatrici leggere
- Compagnia panettieri motorizzata equipaggiata con 2 mitragliatrici leggere
- Compagnia macelleria motorizzata equipaggiata con 2 mitragliatrici leggere

Servizi logistici
composti da;
- 12 Colonne d'approvvigionamento motorizzate ciascuna equipaggiata con 2 mitragliatrici leggere
- 3 Colonne d'approvvigionamento carburante motorizzate ciascuna equipaggiata con 2 mitragliatrici leggere
- 3 Compagnie di manutenzione ciascuna equipaggiata con 2 mitragliatrici leggere

Servizi di sanità
composti da:
- 2 Compagnie mediche motorizzate ciascuna equipaggiata con 2 mitragliatrici leggere
- 1 Ospedale da campo equipaggiato con 2 mitragliatrici leggere
- 3 Compagnie ambulanza ciascuna equipaggiata con 2 mitragliatrici leggere

Compagnia di polizia militare

Composizione della divisione Totenkopf durante la sua ricostruzione come Divisione Panzergrenadier nel sud della Francia nel novembre 1942:

Comando di divisione
- Quartier generale con quattro mitragliatrici leggere
- Plotone motorizzato di collegamento

2 Reggimenti Panzergrenadier (1° e 3°)
  ognuno composto da:
Compagnia comando (motorizzata)
  composto da:
  - Plotone trasmissioni
  - Plotone carri leggeri
3 Battaglioni panzergrenadier
  ognuno composto da:
  - Compagnia comando
  - Compagnia corazzata media
  - 2 Compagnie corazzate leggere
  - Compagnia corazzata pesante
Ogni battaglione a pieno regime era equipaggiato con:
71 PzKpfw III con cannone da 50 mm 39L/60 lungo
10 PzKpfw III con cannone da 75 mm
22 PzKpfw IV con cannone da 75 mm L/43 lungo
9 PzKpfw VI Tigre

Reggimento corazzato (3°SS-Panzer-Regiment)
  composto da:
Compagnia comando
  composto da:
  - Plotone trasmissioni
  - Plotone carri leggeri
2 Battaglioni corazzati
  ognuno composto da:
  - Compagnia comando
  - 2 Compagnie corazzate medie
  - Compagnia corazzata leggera
  - Compagnia corazzata pesante (carri Tigre)
Ogni battaglione a pieno regime era equipaggiato con:
63 PzKpfw III dotati di cannone da 50 mm 39L/60 lungo
8 PzKpfw IV con cannone da 75 mm L/24 corto
44 PzKpfw IV con cannone da 75 mm L/43 lungo
15 PzKpfw VI Tigre

Reggimento d'artiglieria
  composto da:
  - 4 Battaglioni d'artiglieria motorizzati

Battaglione anticarro
  composto da:
  - 3 Compagnie motorizzate

Battaglione di ricognizione
  composto da:
  - 4 Compagnie motorizzate

Battaglione antiaereo Flak
  composto da:
  - 4 Batterie motorizzate

Battaglione cacciacarri StuG
  composto da:
  - 4 Batterie motorizzate equipaggiati con carri armati StuG III

Battaglione del genio
  composto da:
  - 3 Compagnie motorizzate

Battaglione trasmissioni
  composto da:
  - 2 Compagnie motorizzate

Il 2° SS-Totenkopf-Infanterie-Regiment viene sciolto alla fine del 1942 mentre il reggimento di fanteria "Thule" viene assorbito dal 1° reggimento panzergrenadier.
Nel maggio del 1943 il battaglione di ricognizione viene portato a 6 compagnie, mentre nei battaglioni panzer del reggimento corazzato le compagnie sono aumentate ad 8.
Nell'ottobre del 1943 la divisione viene trasformata in Panzer Division e rinominata "3° SS-Panzer-Division Totenkopf" assegnando ad essa il numero 3. Il 1° e 3° reggimento panzergrenadier vengono denominati rispettivamente 5° SS-Panzergrenadier-Regiment Thule e 6° SS-Panzergrenadier-Regiment "Theodor Eicke", nello stesso tempo alle varie unità divisionali viene assegnato il numero 3.

Composizione della divisione Totenkopf nel giugno 1944:

Comando di divisione
  - Quartier generale
  - Compagnia di scorta motorizzata
  - Plotone motociclisti di collegamento
  - Batteria antiaerea semovente
  - Distaccamento polizia militare
  - Distaccamento cartografico

Reggimento corazzato (Totenkopf)
composto da:
- Compagnia comando
- Plotone corazzato segnalazioni
- Compagnia antiaerea equipaggiata con 8 pezzi da 37 mm
- Compagnia di manutenzione

2 Battaglioni corazzati
ognuno composto da:
- Compagnia comando
- 4 Compagnie corazzate medie ognuna delle quali equipaggiata con carri PzKpfw V Panther
- Compagnia motorizzata di rifornimento

2 Reggimenti Panzergrenadier
ognuno composto da:

Compagnia comando (motorizzata)
composto da:
- Plotone comando
- Plotone trasmissioni
- Plotone motociclisti

1° Battaglione panzergrenadier
composto da:
- Compagnia comando
- Compagnia motorizzata rifornimenti
- 3 Compagnie panzergrenadier semicingolate
- Compagnia panzergrenadier pesante semicingolata

composta da:
- Plotone mortai
- Plotone artiglieria

2° e 3° Battaglione panzergrenadier
ognuno composto da:
- Compagnia comando
- Compagnia motorizzata rifornimenti
- 3 Compagnie panzergrenadier motorizzate
- Compagnia panzergrenadier pesante motorizzata

composta da:
- Plotone mortai
- Plotone artiglieria

Compagnia d'artiglieria pesante semovente equipaggiata con 6 cannoni da 150 mm
Compagnia d'artiglieria pesante semovente antiaerea equipaggiata con 12 cannoni da 20 mm
Compagnia motorizzata del genio

Reggimento d'artiglieria
  composto da:
  - 4 Battaglioni d'artiglieria motorizzati

Battaglione anticarro

Battaglione di ricognizione

Battaglione antiaereo Flak
  composto da:
  - Comando di battaglione
  - 3 Batterie pesanti motorizzate ognuna equipaggiata con 4 cannoni antiaerei da 88 mm e 3 da 20 mm
  - Batteria motorizzata media equipaggiata con 9 cannoni antiaerei da 37 mm
  - Batteria motorizzata proiettori

Battaglione del genio

Battaglione trasmissioni

Battaglione rimpiazzi

Personale amministrativo e logistico

Personale in forza alla divisione tra soldati, ufficiali e graduati:

Giugno	1941	18754
Dicembre	1941	21186
Dicembre	1942	15415
Giugno	1944	21115
Dicembre	1944	15400

APPENDICE FOTOGRAFICA

Un panzer della Totenkopf durante la campagna di Francia in mezzo a prigionieri inglesi.

Un carro recupero utilizzato per trasportare feriti durante la campagna di Russia.

Ufficiale superiore della Totenkopf, in tenuta da combattimento.

Soldati della Totenkopf in una immagine prima della guerra.

Scena degli scontri nella città di Danzica che segnò l'inizio della seconda guerra mondiale

Porta ritratto di un militare della Totenkopf a inizio guerra

Altri scontri e assalti verificatesi a Danzica nel 1939

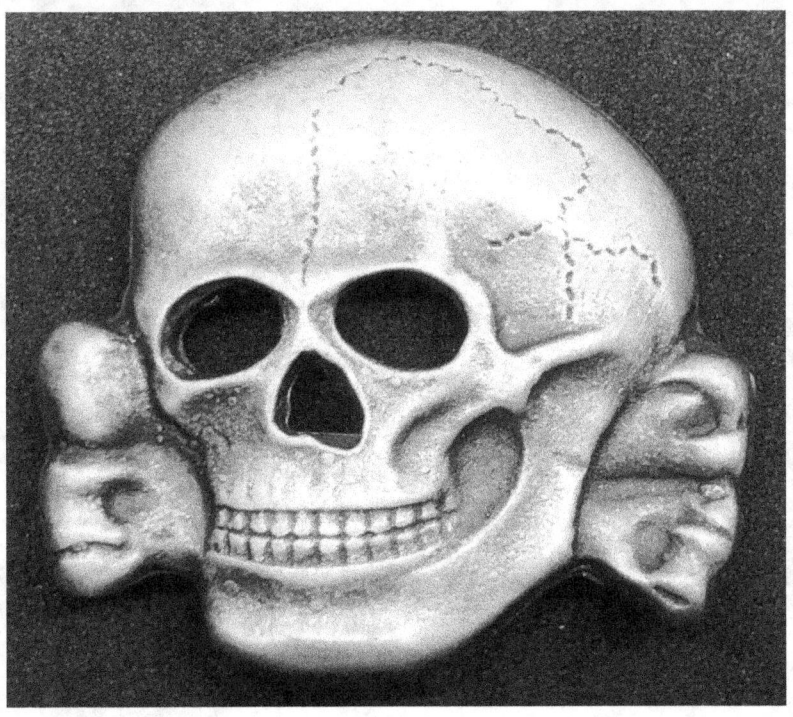
Il teschio, simbolo della Totenkopf,

Soldati della Totenkopf durante la campagna di Francia

Soldato di sanità della Totenkopf osserva i caduti inglesi durante la campagna di Francia del 1940.

Un panzer della Totenkopf durante la campagna di Russia

Soldato a cavallo della Totenkopf attraversano un villaggio polacco.

Soldati della Totenkopf in pieno assetto di combattimento

Picchetto d'onore della Totenkopf presenta le armi.

BIBLIOGRAFIA ESSENZIALE

Charles W. Sydnor, Jr., *Soldier of destruction*, Princeton
Dr. Chris Mann, *SS-TOTENKOPF, THE HISTORY OF THE 'DEATH'S HEAD' DIVISION 1940-45*, IDSA Books
Robin Lumsden, *La vera storia delle SS*, Newton e Compton editori
James Lucas, *Das Reich*, Hobby e Work
G. Williamson, *Storia illustrata delle SS*, Newton e Compton editori
G. Gigli, *La seconda guerra mondiale*, Lucio Pugliese editore
F. Duprat, *Le campagne militari delle Waffen SS*, Ritter editore
Gorge H. Stein, *Hitlers élite Guard at war, 1939-45*, Paperback

Principali siti internet visitati

http://www.wssob.com/003divstk.html
http://www.feldgrau.com/3ss.html
http://www.panzertruppen.org/ss/panzer/3ssoper.html

ALTRI TITOLI PUBBLICATI

CRISTINI EDITORE

www.ingramcontent.com/pod-product-compliance
Lightning Source LLC
LaVergne TN
LVHW081540070526
838199LV00057B/3733